Dr. Matthias Schmidt

Privatbahnen und Regionalisierung in Niedersachsen

Zwischenbilanz einer Erfolgsgeschichte

Titelfoto:

Die Doppelstockwagen von Bombardier aus Görlitz setzen sich im modernen Regional-/Nahverkehr immer mehr durch. Die metronom Eisenbahngesellschaft setzt ausschließlich diese von der LNVG zur Verfügung gestellten Wagen sowohl im Regionalexpress- als auch im Regionalbahnverkehr ein; hier legt ME 146 536 mit dem MEr36509 am 21. Juli 2010 einen planmäßigen Stop im Bahnhof Bardowick auf dem Weg von Hamburg nach Lüneburg ein.

Foto: Ulf Heitmann

Rückseitenfoto:

Im Betriebswerk Osnabrück der NordWestBahn werden VT 525 und ein weiterer Triebwagen für ihre nächsten Einsätze wieder fit gemacht. Die Aufnahme von Andreas Bruns vom 15. April 2007 zeigt zwei von der NordWestBahn von der Landesnahverkehrsgesellschaft Niedersachsen angemietete LINT 41-Triebwagen.

Impressum

Herausgeber: LOKRUNDSCHAU Verlag GmbH,
               Geesthachter Straße 28a, 21483 Gülzow
Autor: Dr. Matthias Schmidt
Lektorat: Ulf Heitmann
Layout: Andreas Bruns Medien- und Grafikgestaltung, 21481 Lauenburg
Druck: Meiling Druck, 39340 Haldensleben

ISBN 978-3-931647-25-4.
© 2010 LOKRUNDSCHAU Verlag GmbH, 21483 Gülzow
1. Auflage 2010

Regionalisierung und Wettbewerb haben zu einer deutlichen Qualitätssteigerung im Nahverkehr geführt. Davon konnten am 13. Mai 2002 die Reisenden des RE 24212 nicht profitieren: 110 368 der Deutschen Bahn bespannte an diesem Tag den Regionalexpress von Braunschweig nach Bielefeld.

Foto (Braunschweig Hbf): Dr. Matthias Schmidt

Vorwort

Im Herbst 2007 erschien im LOKRUNDSCHAU Verlag die Broschüre »Privatbahnen und Regionalisierung in Nordrhein-Westfalen«, in welcher ich den zunehmenden Wettbewerb im schienengebundenen Nahverkehr nach Inkrafttreten der Regionalisierung am 1. Januar 1996 verbunden mit dem im Rahmen der Bahnreform realisierten diskriminierungsfreien Zugang zum Eisenbahnnetz für »private« Eisenbahnunternehmen darstellte. Das vorliegende Buch befasst sich nun mit dem benachbarten Niedersachsen, wo sich die Entwicklungen im Bahnverkehr auf der Schiene in vielerlei Hinsicht von Nordrhein-Westfalen unterscheiden.

Schon die Ausgangssituation stellt sich anders dar: In Niedersachsen hat es immer »privaten« Reisezugverkehr auf der Schiene gegeben: auf den Inseln Borkum und Langeoog. Auf dem Festland gab es nur eine ganz kurze Unterbrechung: vom 31. Mai 1991 – an diesem Tag verkehrte das letzte Schülerzugpaar der Wolff Walsrode AG zwischen Walsrode und Bomlitz – bis zum 27. September 1992 – dann übernahmen die Eisenbahnen und Verkehrsbetriebe Elbe-Weser GmbH (EVB) den Nahverkehr in der Relation Bremerhaven – Bremervörde – Stade (ab 26. September 1993 dann Bremerhaven – Bremervörde – Buxtehude – Hamburg-Neugraben). Die EVB nutzten in den folgenden Jahren die Chancen von Regionalisierung und Wettbewerb und entwickelten sich auch über Unternehmensbeteiligungen zu einem der führenden Anbieter in Niedersachsen. Aber auch die rechtliche Ausgestaltung der Regionalisierung unterscheidet sich sehr deutlich: Während die Zuständigkeit für den Schienenpersonennahverkehr in Nordrhein-Westfalen auf die kreisfreien Städte und Kreise übertragen wurde, verblieb diese in Niedersachsen beim Land bzw. bei der Landesnahverkehrsgesellschaft Niedersachsen mbH (LNVG), welche zudem einen eigenen Fahrzeugpool aufgebaut hat, aus dem den Bahngesellschaften die Fahrzeuge zur Verfügung gestellt werden. Bei allen Unterschieden wurde in beiden Ländern das selbe, sehr positive Ergebnis erzielt: Wie in Nordrhein-Westfalen so ist auch in Niedersachsen der Nahverkehr auf der Schiene sehr »bunt« geworden: Im Dezember 2009 waren acht Wettbewerber der Deutschen Bahn auf 19 niedersächsischen Nahverkehrslinien unterwegs.

In der vorliegenden Publikation werden zunächst die Regionalisierung des Schienenpersonennahverkehrs in Deutschland sowie deren Umsetzung im Land Niedersachsen dargestellt. Es schließt sich dann eine detaillierte Darstellung von fünf Eisenbahnverkehrsunternehmen an, die sich bisher neben der Deutschen Bahn AG seit dem 1. Januar 1996 in Wettbewerbsverfahren durchsetzen konnten und im Auftrag der Landesnahverkehrsgesellschaft Niedersachsen mbH Schienenpersonennahverkehr durchführen. Kompakt in einem gemeinsamen Kapitel werden dann mit Arriva Personenvervoer und Veolia Verkehr Sachsen-Anhalt Bahnunternehmen dargestellt, die nur mit einer Teilstrecke und somit nur in sehr geringem Umfang Nahverkehre in Niedersachsen abwickeln. Auch wird im selben Kapitel mit der Nordseebahn ein Sonderfall beschrieben: hierbei handelt es sich um eine Kooperation zwischen DB Regio und EVB, die mindestens indirekt ein »Produkt« der Regionalisierung ist und dokumentiert, dass es auch beim Wettbewerb auf der Schiene funktionierende Kooperationen zwischen der Deutschen Bahn und ihren Wettbewerbern gibt. Die Reihenfolge der Bahnportraits ergibt sich aus dem Zeitpunkt, wann das jeweilige Unternehmen den planmäßigen Betrieb auf der ersten Bahnstrecke in Niedersachsen aufgenommen hat. Wie die Broschüre über Nordrhein-Westfalen so wird auch diese Publikation zunächst unter www.lokrundschau.com fortgeschrieben und soll nach einigen Jahren wieder neu aufgelegt werden.

Besonders danken möchte ich an dieser Stelle dem LOKRUNDSCHAU Verlag dafür, dass er auch meine zweite Publikation über die neuen »Privaten« verlegt, Heike und Ulf Heitmann für ihre Ermunterung und ihr Engagement bei diesem Projekt, sowie meiner Frau Britta und meinem Sohn Simon dafür, dass sie mir den nötigen Freiraum für die Arbeit an diesem Buch eingeräumt haben. Für ihre Unterstützung danke ich an dieser Stelle auch Arend Boldt und Dietmar Brämert, der Bombardier Transportation GmbH, der cantus Verkehrsgesellschaft mbH, den Eisenbahnen und Verkehrsbetrieben Elbe-Weser GmbH, der Keolis Deutschland GmbH & Co. KG, der Landesnahverkehrsgesellschaft Niedersachsen mbH, der metronom Eisenbahngesellschaft mbH, der NordWestBahn GmbH, der Stadler Rail AG sowie der WestfalenBahn GmbH.

Münster im Juli 2010
Dr. Matthias Schmidt

Bahnreform, Regionalisierung und Wettbewerb

Am 1. Januar 1994 trat in Deutschland die sogenannte »Bahnreform« in Kraft, mit welcher die nationale Neuordnung des Bahnwesens umgesetzt wurde. Rechtliche Grundlage hierfür ist das Gesetz zur Neuordnung des Eisenbahnwesens (Eisenbahnneuordnungsgesetz – EneuOG) vom 27. Dezember 1993: Es handelt sich um ein Artikelgesetz, welches neben rund 130 Gesetzes- und Verordnungsänderungen als Kernstück fünf neue Gesetze enthält. Beim ersten Artikel handelt es sich um das Gesetz zur Zusammenführung und Neugliederung der Bundeseisenbahnen (Bundeseisenbahnneugliederungsgesetz – BEZNG): Deutsche Bundesbahn und Deutsche Reichsbahn werden zu einem Bundeseisenbahnvermögen zusammengeführt, welches aus einem unternehmerischen Teil (Erbringen von Eisenbahnverkehrsleistungen, Betrieb der Eisenbahninfrastruktur) und einem Verwaltungsbereich (hoheitliche Aufgaben, Personalverwaltung, Verwaltung der Verbindlichkeiten des Bundeseisenbahnvermögens sowie nicht betriebsnotwendiger Bahngrundstücke) besteht. Das Gesetz über die Gründung einer Deutschen Bahn Aktiengesellschaft (Deutsche Bahn-Gründungsgesetz – DBGrG) findet sich im zweiten Artikel: Der unternehmerische Bereich wird aus dem Bundeseisenbahnvermögen ausgegliedert und in die Deutsche Bahn AG transformiert. Die Errichtung des Eisenbahn-Bundesamtes erfolgt in Artikel 3 mit dem Gesetz über die Eisenbahnverkehrsverwaltung des Bundes (Bundeseisenbahnverkehrsverwaltungsgesetz – BEVVG): Die neu geschaffene Bundesoberbehörde übernimmt die bisher im Bundeseisenbahnvermögen wahrgenommenen hoheitlichen Aufgaben. Sie ist Aufsichts- und Genehmigungsbehörde für die Eisenbahnen des Bundes und für die Eisenbahnunternehmen mit Sitz im Ausland für das Gebiet der Bundesrepublik Deutschland. Da es hinsichtlich des diskriminierungsfreien Netzzugangs immer wieder zu Konflikten kam, übernahm das Eisenbahn-Bundesamt 2001 zusätzlich die Aufgabe einer Regulierungsbehörde. Diese Tätigkeit ging per 1. Januar 2006 auf die Bundesnetzagentur für Elektrizität, Gas, Telekommunikation, Post und Eisenbahnen über. Für diese Veröffentlichung von besonderem Interesse sind die dann folgenden Artikel 4 und 5: Sie enthalten das »Gesetz zur Regionalisierung des öffentlichen Personennahverkehrs« (Regionalisierungsgesetz – RegG) sowie das »Allgemeine Eisenbahngesetz« (AEG), auf die deshalb im folgenden detaillierter eingegangen werden soll.

Mit dem am 1. Januar 1996 in Kraft getretenen Regionalisierungsgesetz endete die Zuständigkeit des Bundes für den

Mittlerweile Geschichte ist bei der Deutschen Bahn AG der Einsatz der Baureihen 624/634. Am 13. Mai 2002 warteten 634 610/647 in Braunschweig Hbf als RB 25816 auf Ausfahrt Richtung Bad Harzburg. Foto: Dr. Matthias Schmidt

Heute fährt die WestfalenBahn die Regionalbahnen zwischen Münster und Osnabrück. Am 10. Oktober 2004 erreicht DB 111 155 aus Osnabrück kommend mit RB 29374 den Zielbahnhof Münster Hbf.
Foto: Dr. Matthias Schmidt

Schienenpersonennahverkehr: Seitdem liegt die Verantwortung hierfür bei den Bundesländern, welche für diese Aufgabe Bundeszuschüsse erhalten. Der Aufgabenübertragung stimmten die Länder grundsätzlich zu, allerdings zog sich die Einigung über die Höhe der Bundesmittel hin. Der Bund bot 7,7 Milliarden DM an, exakt die Summe, welche er 1993 für den Schienenpersonennahverkehr aufgewendet hatte. Dem stand eine Forderung der Länder in Höhe von 14 Milliarden DM gegenüber. Die Verhandlungen begannen im Mai 1993 und endeten schließlich am 30. November 1993 mit einem Kompromiss. Zunächst einmal wurde der Termin für die Regionalisierung vom 1. Januar 1995 auf den 1. Januar 1996 verschoben. So war sichergestellt, dass die Länder rechtzeitig zur Wahrnehmung dieser Aufgabe Organisationsstrukturen aufbauen konnten. Die Ausgleichszahlungen des Bundes beliefen sich auf 8,7 Milliarden DM 1996 und auf 12 Milliarden DM 1997, welche dem Mineralölsteueraufkommen entnommen wurden. Zugleich trat 1997 eine Reduzierung der bisherigen Gemeindeverkehrsfinanzierungsgesetz-Mittel von 6,28 auf 3,28 Milliarden DM ein. Ab 1997 begann eine Dynamisierung der Bundesleistungen, das heißt der Gesamtbetrag wuchs mit dem wachsenden Umsatzsteueranteil. Die Verteilung der Mittel erfolgte getrennt nach dem Sockelbetrag, der in der Höhe der verausgabten Bundesmittel für den Schienenpersonennahverkehr im Fahrplanjahr 1993/94 dem jeweiligen Landesbereich zugeordnet wurde und den zusätzlichen Mitteln, welche durch einen Prozentschlüssel auf die Länder verteilt wurden. Mit der Verabschiedung des Haushaltsbegleitgesetzes 2006 wurde

dann aber eine deutliche Kürzung bei den vom Bund an die Länder transferierten Regionalisierungsmitteln für den Öffentlichen Personennahverkehr festgeschrieben: in den Jahren 2006 bis 2010 werden insgesamt 3,3 Milliarden Euro eingespart, was in einigen Ländern dazu führte, dass in den letzten Jahren realisierte Angebotsverbesserungen im Schienenpersonennahverkehr wieder zurückgenommen werden mussten. Im laufenden Jahr 2006 wurden die ursprünglich vorgesehenen 7.159 Millionen um 106 auf 7.053 Millionen Euro gekürzt. Im Jahr 2007 erfolgte eine Einsparung in Höhe von 556 Millionen Euro der ursprünglich geplanten 7.266 auf dann 6.710 Millionen Euro. Von 2008 bis 2010 stehen jeweils 6.610 Millionen Euro zur Verfügung. Im Vorfeld der Beschlussfassung hatte der Bund den Ländern aber zugesagt, per Bundesgesetz für den Zeitraum bis 2010 eine Kompensation in Höhe von insgesamt 500 Millionen Euro zu leisten und ab dem Jahr 2009 wieder eine Dynamisierung der Mittel um jährlich 1,5 Prozent vorzunehmen. Unter Berücksichtigung dieser Teilkompensationen standen bzw. stehen den Ländern dann Mittel in folgender Höhe zur Verfügung: 2008 6.675 Millionen Euro, 2009 6.775 Millionen Euro, 2010 6.877 Millionen Euro, 2011 6.980 Millionen Euro, 2012 7.085 Millionen Euro, 2013 wird dann mit 7.191 Millionen Euro das ursprünglich für 2006 vorgesehene Niveau der Finanzausstattung wieder erreicht, 2014 sind dann schließlich 7.299 Millionen Euro vorgesehen. Für 2014 ist mit Wirkung ab 2015 eine Überprüfung der Höhe der Regionalisierungsmittel vorgesehen, um die zur Verfügung stehenden Mittel dann dem bestehenden Bedarf neu anpassen zu können. In

Auf dem niedersächsischen Festland hat es auch vor dem Inkrafttreten der Regionalisierung noch »privaten Schienenpersonennahverkehr« gegeben. Am 27. September 1992 übernahmen die Eisenbahnen und Verkehrsbetriebe Elbe-Weser GmbH (EVB) von der Deutschen Bahn den Nahverkehr zwischen Bremerhaven und Stade und setzten hier zunächst Schienenbusse ein. Auf diese Weise gelangten VT 168 (ex DB 796 826) und VS 116 (ex DB 996 777) zur EVB, die Thomas Günzel am 17. April 2003 bei einer Sonderfahrt bei Tiste, zwischen Zeven und Tostedt, ablichtete.

den Bundesländern fand die organisatorische Umsetzung der Regionalisierung sehr unterschiedlich statt: in einigen Ländern wurden Landesnahverkehrsgesellschaften gegründet, in den anderen Bundesländern wurde die Aufgabe Verbünden oder kommunalen Zweckverbänden übertragen.

Ähnlich bedeutsam wie das Regionalisierungsgesetz ist das Allgemeine Eisenbahngesetz (Artikel 5 des Eisenbahnneuordnungsgesetzes), welches in seiner Ursprungsfassung vom 29. März 1951 am 31. Dezember 1993 außer Kraft gesetzt und durch eine überarbeitete Fassung vom 27. Dezember 1993

ersetzt wurde. Es wurden die Forderungen der EG-Richtlinie 91/440/EWG nach dem diskriminierungsfreien Zugang zum Schienennetz umgesetzt, wozu auch die beiden Begrifflichkeiten »Eisenbahnverkehrsunternehmen« und »Eisenbahninfrastrukturunternehmen« definiert und eingeführt wurden. Mit dieser Umsetzung der EU-Richtlinie in nationales Recht wurden die Voraussetzungen für den Wettbewerb auf Deutschlands Schienen geschaffen. Wie bereits ausgeführt, wurde der Zugang zur Eisenbahninfrastruktur zunächst vom Eisenbahn-Bundesamt, seit 2006 von der Bundesnetzagentur überwacht.

Bereits 1993 lösten bei den Eisenbahnen und Verkehrsbetrieben Elbe-Weser GmbH Dieseltriebwagen der Baureihe 628 die Schienenbusse im planmäßigen Nahverkehr ab. Am 8. Oktober 1993 fotografierte Arend Boldt den modernen VT 153 als RB 14524 im Bahnhof Hesedorf.

Gleicher Fahrzeugtyp – anderer Eigentümer: Die neuen Dieseltriebwagen der EVB sind baugleich mit der Baureihe 628 der Deutschen Bahn: 628/928 544 wartet in Braunschweig Hbf am 13. Mai 2002 als RB 25752 auf Ausfahrt Richtung Goslar.   Foto: Dr. Matthias Schmidt

Umsetzung der Regionalisierung im Land Niedersachsen

Die Regionalisierung des öffentlichen Personennahverkehrs wurde in Niedersachsen mit dem Niedersächsischen Gesetz zur Neuordnung des öffentlichen Personennahverkehrs umgesetzt, welches am 28. Juni 1995 vom Landtag beschlossen wurde. Zuvor hatte die Landesregierung am 11. April 1995 einen entsprechenden Entwurf vorgelegt, welcher umfassend beraten und Gegenstand von Anhörungen war. Bei diesem Neuordnungsgesetz handelt es sich um ein Artikelgesetz, welches in Artikel I das Niedersächsische Nahverkehrsgesetz (NNVG) und in Artikel II die Anpassung von Rechtsvorschriften enthält. Artikel III schließlich regelt das Inkrafttreten.

In § 1 des Niedersächsischen Nahverkehrsgesetzes (in der zuletzt am 16. Dezember 2004 geänderten Fassung) wird als Anwendungsbereich der öffentliche Personennahverkehr festgelegt. Diesem wird als Aufgabe der öffentlichen Daseinsvorsorge Vorrang vor dem motorisierten Individualverkehr

eingeräumt (§ 2). Grundlage für das Angebot im Schienenpersonennahverkehr war bei Verabschiedung des NNVG zunächst das Fahrplanangebot 1993/94. Heute ist der Fahrplan 2001/2002 Bezugspunkt (§ 3). Aufgabenträger des öffentlichen Personennahverkehrs (§ 4) sind für den gesamten öffentlichen Personennahverkehr in ihrem Gebiet die Region Hannover sowie der Großraumverband Braunschweig. Für den Schienenpersonennahverkehr im übrigen Niedersachsen ist das Land selbst zuständig. Für den Personennahverkehr auf der Straße liegt die Verantwortung unverändert bei den Landkreisen und kreisfreien Städten. Die Aufgaben des Landes als Aufgabenträger werden dabei von der Landesnahverkehrsgesellschaft Niedersachsen mbH wahrgenommen (§ 8), welche der Aufsicht des zuständigen Fachministeriums untersteht.

Für die Reisenden Komfort im Nahverkehr – für viele Eisenbahnfans etwas eintönig: Auch der am 22. Dezember 2007 in Rheine als RE 10013 auf Ausfahrt nach Braunschweig wartende Zug wird mit modernen Lokomotiven der Baureihe 146 bespannt. 146 131 vor einer Doppelstockgarnitur.

Foto: Dr. Matthias Schmidt

»Niedersachsen ist am Zug«: DB Regio setzt heute in Niedersachsen modernstes Rollmaterial ein. Am 14. September 2006 erreicht 146 123 mit RE 4460 aus Osnabrück kommend den Zielbahnhof Bremen Hbf. Foto: Dr. Matthias Schmidt

Die aus dem Fahrzeugpool des Landes Niedersachsen angemieteten Triebwagen vom Typ LINT 41 unterhält die NordWestBahn in ihrer Werkstatt im Osnabrücker Hafen. Hier lichtete Dr. Matthias Schmidt am 15. April 2007 VT 506 und VT 525 ab.

Erinnerung an vergangene Zeiten. Mit der Übernahme des Betriebes auf dem Leistungen in Niedersachsen und Nordrhein-Westfalen umfassenden Teutoburger Wald-Netz durch die WestfalenBahn GmbH wurden die lokbespannten Reisezüge der Deutschen Bahn zwischen Münster und Rheine durch moderne FLIRT-Elektrotriebwagen ersetzt. Am 14. November 2004 wartet DB 141 260 mit RB 29315 in Rheine auf Ausfahrt Richtung Münster.

Foto: Dr. Matthias Schmidt

Auch der Nahverkehr bei der Deutschen Bahn AG wird moderner. 146 105, sie trägt das Niedersachsen-Ross und den Slogan »Niedersachsen ist am Zug«, hat mit dem RE 14208, gebildet aus Doppelstockwagen, aus Braunschweig kommend, den Bielefelder Hbf erreicht.

Foto vom 2. Januar 2007: Dr. Matthias Schmidt

Wie heute die NordWestBahn, so musste auch die Deutsche Bahn AG teilweise Doppel-Triebwagen zwischen Essen und Borken einsetzen, so wie 628/928 517 und 628/928 537 als RE 10516 auf der Strecke Essen – Borken. Die Aufnahme von Dr. Matthias Schmidt entstand am 24. September 2006 im Bahnhof Dorsten.

Auch in den nächsten Jahren wird die S-Bahn Hannover durch die Deutsche Bahn betrieben. Am 24. Oktober 2006 wartet in Paderborn Hbf 425 053 als S 9556 auf Ausfahrt mit Ziel Hannover Flughafen. Foto: Dr. Matthias Schmidt

Die Landesnahverkehrsgesellschaft Niedersachsen

Entsprechend § 8 des Niedersächsischen Nahverkehrsgesetzes wurde im März 1996 die Landesnahverkehrsgesellschaft Niedersachsen mbH (LNVG) als 100-Prozent-Tochter des Landes Niedersachsen mit Sitz in Hannover gegründet. Sie erfüllt die im öffentlichen Personennahverkehr durch Bahnreform und Regionalisierung dem Land Niedersachen übertragenen Aufgaben. Ziele des Unternehmens sind dabei mehr Nahverkehr zum gleichen Preis, mehr Wettbewerb und Anbieter auf der Schiene, die Verbesserung der Verkehrsinfrastruktur sowie mehr und bessere Qualität im Schienenpersonennahverkehr.

Die LNVG koordiniert und bewilligt landesweit die Fördermittel für den öffentlichen Personenverkehr. Als Behörde gewährt sie Finanzhilfen für Projekte im Schienenpersonennahverkehr, im straßengebundenen ÖPNV sowie für nichtbundeseigene Eisenbahnen. Dabei versteht sich die Gesellschaft als Partnerin, welche die Vorhaben fachlich begleitet sowie Städte, Gemeinden, Landkreise, Verkehrsverbünde und –unternehmen beim Einsatz von Fördermitteln berät. Dazu gehören der Aus- und Neubau von Bahnhöfen und Bahnstrecken, neue P+R- sowie B+R-Plätze, Stadt- und Straßenbahnprojekte, neue Betriebs- und Busbahnhöfe oder aber auch der Einsatz moderner Fahrzeuge. Zudem finanziert und verwaltet sie den niedersächsischen Fahrzeugpool für den Schienenverkehr, auf welchen im folgenden noch detailliert eingegangen werden soll.

Als »Aufgabenträger Schiene« erarbeitet die LNVG auf Grundlage des SPNV-Konzeptes Niedersachsen und des davon abgeleiteten Programms »Niedersachsen ist am Zug!« u. a. Fahrplankonzepte und stimmt diese regional und überregional mit ihren Planungspartnern ab. In den Großräumen Braunschweig und Hannover sind das der Zweckverband Großraum Braunschweig (ZGB) bzw. die Region Hannover. Weitere wichtige Kooperationspartner sind die für den nicht

Mit dem »Harz-Elbe-Express« hat der moderne Nahverkehr Einzug in den Harz gehalten. Am 14. März 2006 warten in Halle/Saale Hbf VT 872, 810 und 803 der Connex Sachsen-Anhalt GmbH auf ihren nächsten Einsatz, welcher sie über Halberstadt hinaus bis ins niedersächsische Vienenburg führen wird.

Foto: Harald Hübner

schienengebundenen Nahverkehr zuständigen kreisfreien Städte und Kreise, ihre Zusammenschlüsse und Verkehrsunternehmen. Insbesondere bei den »grenzüberschreitenden« Verkehren wird mit den Aufgabenträgern in den Nachbarländern kooperiert. Die LNVG führt für den Schienenpersonennahverkehr Wettbewerbsverfahren durch und bestellt bei Verkehrsunternehmen die gewünschten Leistungen und gleicht Defizite, die nicht durch Fahrgeldeinnahmen abgedeckt werden können, durch Zuschüsse aus Landesmitteln aus. Die mit den Eisenbahnverkehrsunternehmen geschlossenen Verkehrsverträge sorgen für eine Steigerung der Qualität des Nahverkehrs: sie enthalten beispielsweise Qualitätsmerkmale wie eine schrittweise Steigerung der Pünktlichkeit, regelmäßige Kundenbefragungen aber auch den gewünschten Umfang von Service und Vertrieb. Jede Erweiterung des Angebotes – alleine von 1996 bis 2005 wurden die Zugleistungen um rund 14 Prozent erhöht – muss zusätzlich finanziert werden.

Seit 2005 ist die LNVG zusätzlich als Genehmigungsbehörde auch für die Vergabe von Konzessionen im Straßenbahn-, Linien- und Auslandsverkehr auf der Straße nach den Vorschriften des Personenbeförderungsgesetzes (PbefG) verantwortlich. Sie erteilt somit Linienkonzessionen für nationale und internationale Busverkehre sowie für Straßenbahnen mit einer Laufzeit zwischen fünf und 25 Jahren. Gegebenenfalls hebt sie Konzessionen wieder vorzeitig auf, wenn das Verkehrsunternehmen den Linienbetrieb aus wirtschaftlichen Gründen einstellen muss. Zum Aufgabenbereich gehören auch Kontrollen im Auslandsverkehr und die Zustimmung zu Linienänderungen. Gleichzeitig genehmigt die LNVG Fahrpläne, Beförderungsentgelte sowie Tarif- und Beförderungsbedingungen im straßengebundenen ÖPNV. Ebenfalls bei der Gesellschaft werden die Ausgleichszahlungen des Landes für ermäßigte Schüler-, Studierenden- und Auszubildendenfahrkarten durch die Verkehrsunternehmen beantragt.

Gemessen an ihren Zielen stellt sich die bisherige Bilanz der Arbeit der Landesnahverkehrsgesellschaft Niedersachsen sehr positiv dar: Das Nahverkehrsangebot auf Niedersachsens Schienennetz wurde kontinuierlich ausgebaut, was vor allem auch durch die sehr wirtschaftlichen Ergebnisse der Wettbewerbsverfahren ermöglicht worden ist und auch noch wird – verbunden mit in den Verkehrsverträgen fixierten hohen Qualitätsanforderungen. Somit haben Regionalisierung und Wettbewerb sich für die Bahnnutzer sehr ausgezahlt. Zur

Ruhrgebietsflair an der Nordsee: Die Dortmunder 111 150 trägt noch das S-Bahn-Farbkleid, als sie am 8. Juni 2001 den RE 24120 von Münster nach Emden bespannte.

Foto (Münster Hbf): Dr. Matthias Schmidt

Wettbewerbssituation an dieser Stelle ganz konkrete Zahlen: Bediente im Dezember 2000 mit der NordWestBahn GmbH neben der Deutschen Bahn AG ein Wettbewerber vier Nahverkehrslinien, wickelten im Dezember 2009 acht Konkurrenten der Staatsbahn den Nahverkehr auf immerhin 19 Verbindungen ab.

Anzahl der aktiven Wettbewerber der Deutschen Bahn und die von ihnen insgesamt bedienten Nahverkehrsverbindungen in Niedersachsen (inklusiv der Kooperation Nordseebahn als Sonderfall)

Jahr	Anzahl Eisenbahnverkehrs-unternehmen	Anzahl bedienter Linien
2000	1	4
2001	1	4
2002	1	4
2003	4	9
2004	4	9
2005	6	13
2006	7	15
2007	8	19
2008	8	19
2009	8	19
2010	8	22

Auch Wettbewerber kooperieren: Im Auftrag von DB Regio fahren die Eisenbahnen und Verkehrsbetriebe Elbe-Weser unter dem Label Nordseebahn die Nahverkehrszüge zwischen Bremerhaven und Cuxhaven. Das Foto zeigt EVB-VT 101 in Bremerhaven Hbf vor seiner nächsten Fahrt nach Cuxhaven.

Foto: Eisenbahnen und Verkehrsbetriebe Elbe-Weser

Seit dem 10. Dezember 2006 erreichen moderne Dieseltriebwagen der niederländischen Arriva Personenvervoer Nederland die niedersächsische Stadt Leer. Das Foto zeigt den dreiteiligen GTW 2/8 von Stadler Rail.   Foto: Stadler Rail

Als erster Wettbewerber von DB Regio setzt die cantus Verkehrsgesellschaft in Niedersachsen Elektrotriebzüge vom Typ FLIRT ein. Das Foto zeigt 427 004 bei der Fahrzeugwäsche im Betriebshof Kassel-Wilhelmshöhe Süd.   Foto: Cantus Verkehrsgesellschaft

Das Eisenbahnnetz für den Personenverkehr in Niedersachsen

Eisenbahnverkehrsunternehmen

- ARRIVA Nederland
- cantus
- DB Regio
- DB Regio/S-Bahn Hannover (nach Hildesheim ab Dezember 2008)
  S-Bahn Hamburg
- EVB Eisenbahnen und Verkehrsbetriebe Elbe-Weser GmbH
- EVB/DB Regio (Nordseebahn)
- eurobahn
- metronom
- NordWestBahn
- WestfalenBahn
- Inselbahnen auf den Ostfriesischen Inseln
- Nahverkehrsangebot außerhalb von Niedersachsen bzw. Hamburg
- DB Fernverkehr, ICE, IC, EC

Zuständigkeitsbereiche

- Landesnahverkehrsgesellschaft Niedersachsen
- Region Hannover
- Zweckverband Großraum Braunschweig
- Hamburg, Bremen
- Andere Bundesländer und die Niederlande
- Seen, Flüsse, Kanäle
- Grenze eines Bundeslandes
- Kreis-/Regionsgrenze in Niedersachsen

☐ Lehrte Knotenpunkt mit Umsteigemöglichkeit
○ Rastede Haltepunkt (außerhalb Niedersachsens nur in Auswahl)
(HP gilt nicht automatisch für jede Linie/jedes Unternehmen)
☐ ○ Fernverkehr hält

Stand: Dezember 2008
Herausgeber: Landesnahverkehrsgesellschaft Niedersachsen mbH, Hannover
Grafik/Druck: Landesvermessung und Geobasisinformation Niedersachsen, Hannover

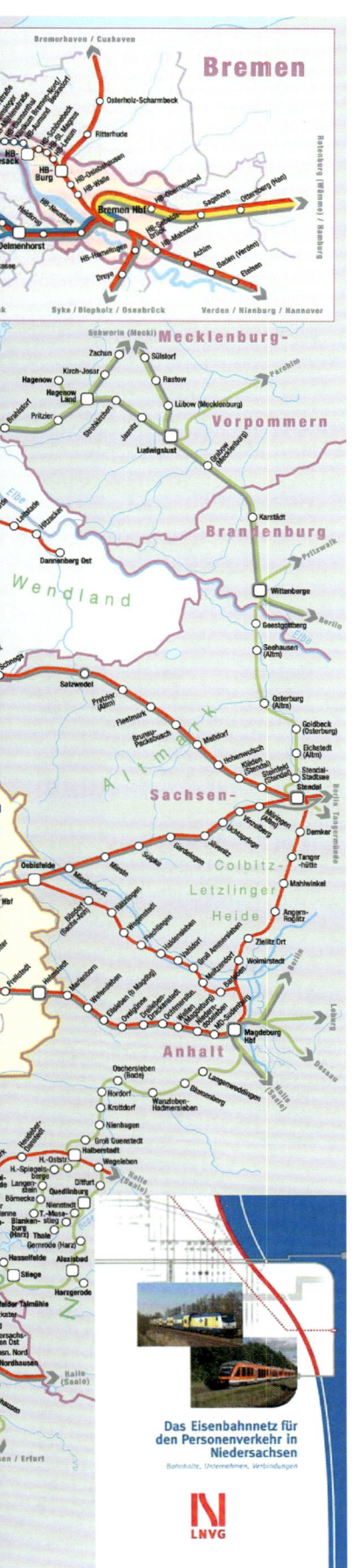

Mit freundlicher Genehmigung der Landesnahverkehrsgesellschaft Niedersachsen mbH.

Seit Dezember 2003 ein neues Gesicht auf Niedersachsens Schienen und gleichzeitig auch seitdem ein neues Eisenbahnverkehrsunternehmen – die metronom Eisenbahngesellschaft mbH. Die Stirnfront der ME 146-11, die Dietmar Brämert am 25. Oktober 2006 in Uelzen aufnahm, ist identisch mit den Lokomotiven der Baureihe 146.2 der Deutschen Bahn AG. Gleichzeitig stellt sie die Personenzug-Variante der DB-Baureihe 185.2 dar. Beim Hersteller Bombardier wird diese Lokbaureihe unter der Bezeichnung TRAXX P160 AC2 geführt. Im Gegensatz zu den 2003 gelieferten ME 146-01 bis 146-10 wurde bei den 2005 ausgelieferten Loks ME 146-11 bis 146-18 der Lokkasten entsprechend den neuen Sicherheitsbestimmungen verändert.

2007 erhielt die metronom Eisenbahngesellschaft von der LNVG neun weitere Maschinen, die mit den Nummern ME 146 531 bis 539 in Dienst gestellt wurden. Diese Loks sind mit den 2005 gelieferten identisch und werden vorwiegend im Regionalbahnverkehr Hamburg – Lüneburg/ – Tostedt eingesetzt.

Der niedersächsische Fahrzeugpool

Als die Landesnahverkehrsgesellschaft Niedersachsen mbH 1997 mit der Ausschreibung der Nahverkehrsleistungen auf dem Dieselnetz Weser-Ems in Niedersachsen das erste Wettbewerbsverfahren einleitete, stellte sich die Situation so dar, dass die Deutsche Bahn AG die Kapazitäten aller relevanten Fahrzeughersteller mit Großaufträgen ausgelastet hatte. Für die möglichen Wettbewerber der DB AG zeichneten sich deshalb Schwierigkeiten ab, im Falle des Zuschlags rechtzeitig eine ausreichende Zahl von Dieseltriebwagen zu beschaffen. Da es private Fahrzeugpools als Alternative zur Fahrzeugbeschaffung durch das Eisenbahnverkehrsunternehmen noch nicht gab, entschloss sich die LNVG dazu, einen landeseigenen Fahrzeugpool aufzubauen, aus welchem die zukünftigen Betreiber die erforderlichen Fahrzeuge anmieten können. Auf diesem Wege konnte das Zeitproblem bei der Beschaffung neuer Fahrzeuge gelöst werden: mit der frühzeitigen Beschaffung durch den Aufgabenträger – die LNVG – stehen die Fahrzeuge früher zur Verfügung. Im Vergleich zur Bestellung der Züge nach Zuschlagserteilung durch das Eisenbahnverkehrsunternehmen werden bis zu zwei Jahre eingespart. Aber es gibt noch weitere, große Vorteile, die sich aus der Poollösung ergeben: Durch die Zusammenfassung der Beschaffung von Fahrzeugen für mehrere Netze werden größere Stückzahlen erreicht die zu günstigeren Stückpreisen führen. Auch ist ein flexibler landesweiter Einsatz möglich. Der Hauptvorteil ergibt sich aus der Tatsache, dass die Züge direkt aus den verfügbaren Regionalisierungsmitteln finanziert werden. Wenn die Beschaffung durch die Bahngesellschaften mittels Krediten finanziert werden müsste, würden Tilgung und Zinsen in die Kosten eingehen, die auf Grundlage des Verkehrsvertrages über einen Zuschuss durch den Aufgabenträger zu leisten sind. Ein Gutachten hat ergeben, dass durch das Poolmodell – hier fallen weder Tilgung noch Zinsen an – in Niedersachsen alleine bis Ende 2005 ein dreistelliger Millionenbetrag an Regionalisierungsmitteln gespart werden konnte.

Bereits seit November 2000 setzt die Osnabrücker NordWestBahn Dieseltriebwagen aus dem Fahrzeugpool der Landesnahverkehrsgesellschaft Niedersachsen planmäßig ein. Am 13. Mai 2002 fährt VT 521 als Zug NWB 82207 von Osnabrück nach Wilhelmshaven.   Foto (Osnabrück Hbf): Dr. Matthias Schmidt

Wie funktioniert der Fahrzeugpool der LNVG? Bereits vor der Entscheidung darüber, welches Eisenbahnverkehrsunternehmen aus einem Wettbewerbsverfahren als Sieger hervorgehen wird, bestellt die Landesnahverkehrsgesellschaft bei der Industrie die erforderlichen Schienenfahrzeuge. Das Land Niedersachsen gewährt eine 100-prozentige Projektförderung der Nettofahrzeugkosten. Da es sich dabei um eine direkte Finanzierung aus den Regionalisierungsmitteln handelt, können die Fahrzeuge ohne Kreditaufnahme aus vorhandenen Mitteln beschafft werden. Dem Betreiber wird das Rollmaterial vermietet, wobei sich der Mietzins an den jeweiligen Abschreibungszeiträumen orientiert: Triebwagen werden über 15, Lokomotiven und Reisezugwagen über 20 Jahre abgeschrieben. Die LNVG beschränkt sich bei ihrem Fahrzeugpool ausschließlich auf das Fahrzeugmanagement: Vorbereitung und Durchführung von Ausschreibungen bzw. Beschaffungen von Rollmaterial, die Entwicklung und Kontrolle von Wartungsverträgen, mögliche Streitschlichtung zwischen Betreiber und Fahrzeughersteller, Qualitätskontrolle und -sicherung, Fahrzeugdokumentation (z. B. Unfallschäden). Instandhaltung, Fristenarbeiten und Hauptuntersuchungen erfolgen im Rahmen eines LCC-Vertrages (lifecycle costs) durch den Fahrzeughersteller. In der Verantwortung der Eisenbahnverkehrsunternehmen (EVU) als Fahrzeugmieter liegen Tanken, Reinigen, Entsorgen, Besanden aber auch die Kontrolle und das Auffüllen weiterer Betriebsstoffe, die Sicherung gegen Vandalismus, die Beseitigung von Unfall- und Vandalismusschäden, die Beseitigung von durch unsachgemäße Bedienung entstandenen Schäden aber auch die Beseitigung von Schäden, die aufgrund von Verschleiß durch die Infrastruktur entstanden sind. Auch ist das EVU dazu verpflichtet, eine Fahrzeugwerkstatt zu errichten und zu betreiben, in welcher der Fahrzeughersteller kostenlos die Wartungs- und Instandhaltungsarbeiten entsprechend dem LCC-Vertrag durchführen kann. Allerdings verfolgt die LNVG mittlerweile das Ziel, betreiber- und herstellerunabhängige Werkstattstandorte zu realisieren. Durch diese Entkopplung von den Laufzeiten der Verkehrsverträge soll die wirtschaftliche Nutzungsdauer der Betriebswerke erreicht werden.

Aus dem Fahrzeugpool der Landesnahverkehrsgesellschaft Niedersachsen bedienen sich seit dem Jahr 2000 die NordWestBahn sowie seit 2003 die Eisenbahnen und Verkehrsbe-

Auch Keolis Deutschland verfügt über Triebwagen aus dem niedersächsischen Fahrzeugpool: Die LINT-Triebwagen werden seit Dezember 2003 auf Weser- und Lammetalbahn eingesetzt.
Foto: Alstom LHB

Sämtliches von der metronom Eisenbahngesellschaft eingesetzte Rollmaterial gehört zum Fahrzeugpool der Landesnahverkehrsgesellschaft Niedersachsen. Das Foto zeigt E-Lok 146 533 (links) neben Diesellok 246 001 (rechts) vor einer Doppelstockwagen-Garnitur.   Foto: Bombardier Transportation

triebe Elbe-Weser, die metronom Eisenbahngesellschaft sowie Keolis Deutschland. Näheres dazu in den Kapiteln zu den in Niedersachsen neben der Deutschen Bahn im Schienenpersonennahverkehr tätigen Bahnunternehmen.

Auch wenn er das Logo der Landesnahverkehrsgesellschaft trägt, gehört ET 018 der WestfalenBahn nicht zum Fahrzeugpool, sondern wurde durch das Eisenbahnverkehrsunternehmen von Alpha Trains angemietet.   Foto (Bf Rheine) am 22. Dezember 2007: Dr. Matthias Schmidt

Niedersachsens »neue Privatbahnen«

Im folgenden werden die Bahngesellschaften dargestellt, die sich neben der Deutschen Bahn AG seit Inkrafttreten des Regionalisierungsgesetzes am 1. Januar 1996 in Niedersachsen in Vergabeverfahren durchsetzen konnten. Ausnahmsweise wird auch die Kooperation »Nordseebahn« in dieser Publikation vorgestellt, da sie in gewisser Weise durch die Regionalisierung entstanden ist, aber auch zeigt, dass es nicht nur Wettbewerb sondern auch Kooperation mit der DB AG gibt. Chronologisch nach ihrer Betriebsaufnahme in Niedersachsen geordnet wird jedes Bahnunternehmen mit Firmenentwicklung, den bedienten Strecken bzw. Netzen sowie dem eingesetzten Fahrzeugmaterial dargestellt. Stand ist dabei Juli 2010. Soweit Bahngesellschaften Netze betreiben, die sich außerhalb Niedersachsens befinden, aber mit

Strecken in diesem Bundesland betrieblich verbunden sind, so werden auch diese in der vorliegenden Veröffentlichung vorgestellt. Die Kilometerangaben beziehen sich auf die Linienlänge und nicht auf die offiziellen Streckenkilometer der befahrenen Bahnlinien. Bei den Angaben zum Fahrplankonzept handelt es sich nicht um den exakten Fahrplan sondern um konzeptbezogene Orientierungswerte.

In Nordrhein-Westfalen können die Bahngesellschaften auf keinen landeseigenen Fahrzeugpool zurückgreifen. Am 6. August 2008 wartet VT 714 der NordWestBahn (rechts) in Münster Hbf auf seinen nächsten Einsatz, während VT 715 (links) als NWB 81538 mit Ziel Bielefeld ausfährt.

Foto: Dr. Matthias Schmidt

NordWestBahn GmbH

Gesellschafter:	64 % Veolia Verkehr GmbH
	26 % Stadtwerke Osnabrück AG
	10 % Verkehr und Wasser GmbH Oldenburg
Unternehmenssitz:	Osnabrück
Betriebsaufnahme:	05.11.2000
... in Niedersachsen:	05.11.2000
Anzahl Linien:	15
Länge, Liniennetz:	980 km
Zugkilometer/Jahr:	ca. 12.400.000 km
Anzahl Zuggarnituren:	ca. 100
Stand: März 2010	

Im Mai 1997 begann mit der europaweiten Ausschreibung des Weser-Ems-Netzes in Niedersachsen das erste Wettbewerbsverfahren im Schienenpersonennahverkehr. Die Landesnahverkehrsgesellschaft Niedersachsen mbH (LNVG) schrieb auf einem rund 320 Kilometer langen Streckennetz für die Jahre 1999 bis 2004 eine jährliche Leistung von 2,9 Millionen Zugkilometern öffentlich aus. Konkret handelte es sich um die folgenden Kursbuchstrecken (KBS):

- KBS 392 Wilhelmshaven – Oldenburg – Cloppenburg – Osnabrück (165 Kilometer)
- KBS 393 Wilhelmshaven – Sande – Jever – Esens (41 Kilometer)
- KBS 394 Osnabrück – Bramsche – Vechta – Bremen (126 Kilometer)

Dabei führen die Strecken 392 und 394 zwischen Osnabrück-Eversburg und Achmer durch den nordrhein-westfälischen Kreis Steinfurt, in welchem im Auftrag des zuständigen Zweckverbandes SPNV Münsterland der Bahnhof Halen bedient wird. Von zunächst 16 interessierten Eisenbahnverkehrsunternehmen beteiligten sich ab dem 2. Oktober 1997 sechs Bieter, wobei drei Unternehmen bis zum Schluss im Rennen waren. Auf Vorschlag der LNVG erteilte das Niedersächsische Ministerium für Wirtschaft, Technologie und

Vor der Betriebsaufnahme im Weser-Ems-Netz führte die NordWestBahn ab Lengerich ein umfangreiches Programm an Test- und Schulungsfahrten durch. So kam es im Juni 2000 im Betriebswerk Lengerich-Hohne der Teutoburger Wald-Eisenbahn zu einem Treffen der Generationen: Johannes Pohlmann fotografierte dort den VT 503 der NordWestBahn (rechts) neben 50 3655 der Eisenbahn-Tradition e.V. Lengerich.

Verkehr Ende Mai 1998 der Bietergemeinschaft DEG-Verkehrs GmbH / Stadtwerke Osnabrück AG den Zuschlag – welche sich unter anderem sowohl gegen die DB Regio AG als auch gegen die Osthannoverschen Eisenbahnen AG durchgesetzt hatte. Die Voraussetzung für die Gründung der NordWestBahn GmbH war geschaffen.

Unternehmensgründung

Bereits am 20. Juli 1998 wurde mit Vertretern der an der Bietergemeinschaft beteiligten Unternehmen ein entsprechender Verkehrsvertrag unterzeichnet, welcher aber bereits abweichend von der ursprünglichen Ausschreibung eine Betriebsaufnahme erst im Mai 2000 vorsah. Im Dezember 1999 wurde die NordWestBahn GmbH mit Sitz in Osnabrück gegründet. Am 29. Dezember 1999 wurde die Bahngesellschaft in das Osnabrücker Handelsregister eingetragen. Gesellschafterinnen waren zunächst die Stadtwerke Osnabrück AG (26 %) und die DEG Verkehrs GmbH (74 %). Letztere befand sich zunächst noch im Eigentum von Compagnie Générale des Eaux (CGEA, 60 %) und Energieversorgung Schwaben AG (40 %). Zum 1. Januar 2000 wurde die

CGEA (später Vivendi Environnement) alleinige Gesellschafterin, die DEG Verkehrs GmbH firmierte in Connex Verkehr GmbH um. Kurz vor Betriebsaufnahme der NordWestBahn übernahm die Verkehr und Wasser GmbH, Oldenburg, als Kooperationspartner in den Bereichen Vertrieb, Kundenbetreuung und Schienenersatzverkehr von der Connex zehn Prozent der Gesellschafteranteile, so dass sich nunmehr folgende Gesellschafterstruktur ergab: Connex Verkehr GmbH 64 %, Stadtwerke Osnabrück AG 26 % und Verkehr und Wasser GmbH, Oldenburg, 10 Prozent. Per 3. April 2006 schließlich firmierte die Connex Verkehr GmbH in Veolia Verkehr GmbH um. Vorausgegangen war eine Umfirmierung ihrer Eigentümerin Vivendi Environnement in Veolia Environnement, nachdem Vivendi Universal ihre Beteiligung an diesem Unternehmen deutlich reduziert hatte.

Großer Erfolg im Weser-Ems-Netz

Verzögerungen beim Streckenausbau – erst Ende 2002 war die Oberbausanierung weitgehend abgeschlossen – aber auch die noch nicht zur Verfügung stehenden Neubautriebwagen führten dazu, dass der Betriebsstart der NordWestBahn

Die Sanierung des Streckennetzes verzögerte die Betriebsaufnahme der NordWestBahn im Weser-Ems-Netz. Noch im März 2004 dauerten diese Arbeiten an: Während der Bahnsteigerneuerung erreichten die NWB-Triebwagen VT 517 (rechts) und VT 513 (links) am 2. März 2004 Schortens-Heidmühle. Es musste am gleichen Bahnsteig umgestiegen werden, da die Züge aus Esens und Wilhelmshaven hier während der Bauarbeiten an einer Sh2-Scheibe endeten, weil sie nicht kreuzen konnten.
Foto: Martin Kursawe

GmbH (NWB) erneut verschoben wurde: von Mai auf November 2000. Am Vortag der Betriebsaufnahme – am 4. November 2000 – brachten die Triebwagen der NWB die Gäste der feierlichen Eröffnungsveranstaltung in einer Sternfahrt in Sonderzügen nach Oldenburg. Hier gab der damalige niedersächsische Ministerpräsident Sigmar Gabriel den symbolischen Startschuss. Am 5. November 2000 schließlich nutzten zwischen 25.000 und 30.000 Fahrgäste das Schnupperangebot der NordWestBahn. Der gewaltige Fahrgastandrang aber auch technische Probleme bei den Triebwagen sorgten für Verspätungen bis zu 40 Minuten. Am Folgetag kam es dann insbesondere im Berufsverkehr zwischen Wilhelmshaven – Oldenburg – Osnabrück zu Kapazitätsengpässen. Diese Probleme wurden teilweise auch durch ausgefallene Triebwagen ausgelöst. Die NWB reagierte prompt mit zusätzlichen Zügen.

Die NordWestBahn startete am 5. November 2000 mit einer jährlichen Leistung von 3,1 Millionen Zugkilometern – ursprünglich war ein Volumen von 2,9 Millionen Kilometern vorgesehen. Das Fahrplankonzept sah zu diesem Zeitpunkt für die Strecke Osnabrück – Oldenburg – Wilhelmshaven einen durchgängigen Stundentakt an allen Tagen in der Woche vor, was jährlich 1,98 Millionen Zugkilometern entspricht. Für die Strecken Osnabrück – Vechta – Delmenhorst – Bremen sowie Wilhelmshaven – Sande – Esens war ein täglicher Zwei-Stunden-Takt vorgesehen, so daß sich hier die jährliche Leistung auf 0,76 bzw. 0,34 Millionen Kilometer belief. Insgesamt erhöhte sich die Zahl der Züge im Weser-Ems-Netz mit Betriebsaufnahme durch die NWB gegenüber dem Angebot der DB Regio um etwa 20 Prozent.

KBS 392 Wilhelmshaven – Oldenburg – Osnabrück

Diese im Stundentakt bediente Strecke befindet sich im Eigentum der DB Netz AG und führt von Wilhelmshaven Hbf (km 0) über Sande (km 7), Varel (Oldb) (km 22), Rastede (km 40), Oldenburg (Oldb) (km 52), Sandkrug (km 63), Huntlosen (km 70), Großenkneten (km 75), Ahlhorn (km 81), Cloppenburg (km 93), Essen (Oldb) (km 109), Quakenbrück (km 115), Bersenbrück (km 129), Hesepe (km 141), Bramsche (km 145) und Osnabrück Altstadt (vormals Osnabrück Hasetor, km 164) nach Osnabrück Hbf (km 165). Nicht gehalten wird an den Stationen Achmer (km 148) und Halen (km 154), die von Zügen in der Relation Bremen – Delmenhorst – Vechta – Osnabrück planmäßig bedient werden. Zwischen Wilhelmshaven Hbf und Oldenburg Hbf ist die nicht elektrifizierte Strecke mit Ausnahme der Abschnitte Varel West – Jaderberg sowie Hahn – Rastede zweigleisig, wobei in Sande die ebenfalls von der NWB bediente Bahnlinie nach Esens abzweigt. Eingleisig ist der sich dann anschließende Abschnitt von Oldenburg bis nach Osnabrück-Eversburg, wobei in Sandkrug, Huntlosen, Großenkneten, Ahlhorn, Höltinghausen, Cloppenburg, Essen, Quakenbrück, Bersenbrück, Alfhausen, Hesepe (Abzweig Richtung Vechta, Delmenhorst, Bremen), Bramsche und Achmer Kreuzungsmöglichkeiten bestehen. Ab Osnabrück Altstadt geht es dann

über die elektrifizierte zweigleisige Hauptbahn aus Richtung Rheine weiter bis zum Endpunkt Osnabrück Hbf. Das Zugangebot auf dieser Strecke wurde bereits zum 10. Juni 2001 deutlich erweitert: Neben zusätzlichen Zügen für Schüler und Pendler im Raum Cloppenburg und Oldenburg und neuen Angeboten in den Abendstunden, kamen zwischen Oldenburg und Wilhelmshaven vier Zugpaare hinzu, die entfallene Interregio-Züge der Deutschen Bahn ersetzten und in den bestehenden Verkehrstakt eingebunden wurden. Insgesamt erhöhte sich zu diesem Zeitpunkt die jährliche Leistung auf 3,5 Millionen Zugkilometer, wozu allerdings auch zusätzliche Angebote im Raum Vechta (KBS 394) beigetragen haben. Zum 16. Februar 2003 wurde dann im Auftrag von Landesnahverkehrsgesellschaft Niedersachsen sowie der Freien und Hansestadt Bremen eine umsteigefreie Direktverbindung von Wilhelmshaven und Oldenburg über die Kursbuchstrecke 390 Norddeich – Oldenburg – Bremen hinaus bis nach Bremen Hbf eingeführt, wobei täglich außer samstags zwei und an Samstagen ein Zugpaar angeboten werden. Gehalten wird dabei zwischen Oldenburg und Bremen Hbf in Hude und Delmenhorst. Im aktuellen Fahrplan stellt sich das Zugangebot wie folgt dar:

werktags	4 bis 23 Uhr	60-Minuten-Takt
sonn- und feiertags	6 bis 0 Uhr	60 Minuten-Takt

In der Hauptverkehrszeit kommen zusätzlich noch Verstärkerzüge hinzu.

KBS 393 Wilhelmshaven – Sande – Jever – Esens

Diese zunächst täglich im Zwei-Stunden-Takt bediente Strekke befindet sich ebenfalls im Eigentum der DB Netz AG und führt von Wilhelmshaven Hbf (km 0) über Sande (km 7, hier ändert der Zug seine Fahrtrichtung), Sanderbusch (km 10), Schortens-Heidmühle (km 16), Jever (km 20), Wittmund (km 28) und Burhafe (Ostfriesl) (Bedienung seit 2006, km 34) nach Esens (Ostfriesl) (km 41). Die Fahrt führt zunächst über die in diesem Abschnitt zweigleisige Bahnstrecke Wilhelmshaven Hbf – Oldenburg bis nach Sande. Hier geht es dann bis zum Endpunkt Esens über eine eingleisige Nebenbahn, wobei in Schortens-Heidmühle gekreuzt wird. Am 15. Dezember 2002 wurde auf der Strecke ein täglicher Stundentakt eingeführt, welcher sich aktuell wie folgt darstellt:

werktags außer samstags	6 bis 20 Uhr	60-Minuten-Takt
samstags	7 bis 20 Uhr	60-Minuten-Takt
sonn- und feiertags	8 bis 21 Uhr	60-Minuten-Takt

KBS 394 Osnabrück – Vechta – Delmenhorst – Bremen

Wie die Bahnverbindung Wilhelmshaven – Esens so wurde auch die Strecke Osnabrück – Vechta – Delmenhorst – Bremen zunächst täglich im Zwei-Stunden-Takt bedient, wobei schon ab dem 10. Juni 2001 im Raum Vechta während der Hauptverkehrszeit ein Stundentakt eingeführt wurde. Die

Auf dem Weg zum nächsten Einsatz: Am 15. April 2007 hat VT 517 gerade das Betriebswerk im Osnabrücker Hafen Richtung Hauptbahnhof verlassen, um von dort aus als Nahverkehrszug nach Wilhelmshaven zu fahren.   Foto: Dr. Matthias Schmidt

Als Arend Boldt am 16. Oktober 2001 NWB-VT 509 als NWB 82309 im Bahnhof Sande ablichtete wurde die Strecke Esens – Wilhelmshaven noch im Zwei-Stunden-Takt bedient. Seit Dezember 2002 fährt die NordWestBahn hier jede Stunde in jede Richtung.

Strecke befindet sich vollständig im Eigentum der DB Netz AG und führt von Osnabrück Hbf (km 0) über Osnabrück Altstadt (km 1), Halen (km 11), Achmer (km 17), Bramsche (km 21), Hesepe (km 24), Rieste (km 30), Neuenkirchen (Oldb) (km 34), Holdorf (Oldb) (km 44), Steinfeld (Oldb) (km 48), Mühlen (Oldb) (km 51), Lohne (Oldb) (km 56), Vechta (km 64), Lutten (km 71), Goldenstedt (Oldb) (km 75), Rechterfeld (km 78), Wildeshausen (km 87), Brettorf (km 97), Ganderkesee (km 107), Delmenhorst (km 112), Heidkrug (km 116) und Bremen Neustadt (km 123) nach Bremen Hbf (km 126). Von Osnabrück Hbf bis Osnabrück-Eversburg (zwischen Osnabrück Altstadt und Halen gelegen) geht es zunächst über die zweigleisige, elektrifizierte Hauptbahn Richtung Rheine. Bis nach Delmenhorst schließt sich dann ein nicht elektrifizierter, eingleisiger Abschnitt an. Zugkreuzungen können hier in Achmer, Bramsche, Hesepe (Abzweig Strecke Richtung Oldenburg), Neuenkirchen, Lohne, Vechta und Wildeshausen stattfinden. Von Delmenhorst bis Bremen Hbf geht es dann wieder über eine zweigleisige elektrifizierte Hauptbahn. Im Dezember 2003 wurde dann angesichts weiter zunehmender Fahrgastzahlen nach Abschluss der Erneuerung der Signalanlagen auf der Strecke ein täglicher Stundentakt eingeführt, woraus sich für die Bahnhöfe Bramsche, Osnabrück Altstadt und Osnabrück Hbf (die auch von den Zügen in der Relation Wilhelmshaven – Oldenburg – Osnabrück bedient werden) ein 30-Minuten-Takt ergibt. Aktuell stellt sich das Fahrplanschema wie folgt dar:

werktags außer samstags	5 bis 23 Uhr	60-Minuten-Takt
samstags	7 bis 23 Uhr	60-Minuten-Takt
sonn- und feiertags	8 bis 23 Uhr	60-Minuten-Takt

Für alle drei Strecken gilt, dass sich in den größeren Bahnhöfen Fahrkartenautomaten befinden. Zusätzlich gibt es entsprechende Automaten in allen Triebwagen der Bahngesellschaft. Zudem befinden sich ein Service-Büro in Osnabrück Hbf (NWB) sowie zwei weitere Stellen (Verkehr und Wasser Oldenburg) in Oldenburg. Hier können Tickets erworben und Reservierungen vorgenommen werden. Auch findet hier Beratung statt.

Freizeit- und Sonderverkehre

Die NordWestBahn engagiert sich zudem recht intensiv im Freizeit- bzw. Tourismus-Verkehr: In ihrem »StreifZüge«-Programm bietet die Bahngesellschaft im Auftrag der Landesnahverkehrsgesellschaft Tagesausflüge zum Pauschalpreis an. Ziele sind dabei die Nordsee-Inseln Borkum, Helgoland, Langeoog, Norderney, Spiekeroog, Wangerooge und Baltrum. Neu kamen 2010 die Insel Juist sowie in den Niederlanden das Ijsselmeer, Ameland, Scheveningen, Schiermonnikoog, Texel und Zandvoort hinzu. »Erlebnis-StreifZüge« führen zum Beispiel zur Brauerei in Jever, zur Seehundstation in

Norddeich oder aber auch zum Kutterkorso nach Greetsiel. Gefahren werden die Touren von Zügen der NordWestBahn, Reisebussen der Stadtwerke Osnabrück und natürlich mit Schiffen. Hierzu bietet die NWB teilweise auch auf den Tourismus ausgerichtete Zugverbindungen an: Vom 3. April 2004 bis zum 27. Mai 2006 verkehrte samstags ein »Küstenexpress« von Münster Hbf über Lengerich, Osnabrück Hbf und Oldenburg bis nach Wilhelmshaven, wobei in Sande Richtung Esens umgestiegen werden konnte (Fährverbindung Langeoog). Dabei wurde eine ursprünglich zur Überführung von im Ems-Senne-Weser-Netz eingesetzten Triebwagen zur Werkstatt in Osnabrück vorgesehene Betriebsfahrt von Münster nach Osnabrück »umgewidmet«. Nachdem mit dem »Haller Willem« längerfristig eine reguläre Anbindung des Netzes an die Osnabrücker Werkstatt vorhanden war und Fahrgäste aus Richtung Münster den Zug in der Regel nur bis Osnabrück nutzten, verkehrt dieser Zug zwischen Münster und Osnabrück nicht mehr. Zweiter Baustein des Freizeitverkehrs ist der in Kooperation mit der Oldenburgischen Landesbank und den regionalen Touristikinstitutionen herausgegebene »Radplaner«, welcher Fahrradtouren-Vorschläge für die Weser-Ems-Region enthält. Auch werden im Rahmen der jährlich aufgelegten »HalteWünsche – Stationen die sich lohnen« touristische Angebote in Niedersachsen, Nordrhein-Westfalen und entlang des »Haller Willem« vorgestellt. Zudem gibt es das Projekt »Klasse Fahrt«, ein Rundumsorglos-Paket für Lehrerinnen und Lehrer zum Wandertag. Zu besonderen Veranstaltungen fährt die NordWestBahn Sonderzüge auch weit über das »eigene« Netz hinaus – so von Osnabrück nach Hannover anlässlich der CEBIT-Computermesse. Nicht realisiert wurden die Planungen für einen »NordWestExpress« welcher ab dem 15. Dezember 2002 Osnabrück und Hannover verbinden sollte. Ursprünglich sollte dieses Zugangebot als Ersatz für die entfallene Interregio-Linie Berlin – Osnabrück – Bad Bentheim zwischen 7 und 19 Uhr im Zwei-Stunden-Takt angeboten werden, wobei unterwegs in Melle und Bünde gehalten werden sollte. Nachdem die DB Netz AG der NWB unter Hinweis auf fehlende Kapazitäten keine Fahrplantrassen zugewiesen hatte, schloss sich ein intensiver Rechtsstreit zwischen Deutscher Bahn und NordWestBahn an, welcher zu Gunsten der Privatbahn endete. Gleichwohl wurde die Verbindung letztendlich nicht mehr realisiert.

Fahrgaststeigerung und Vertragsverlängerung

Das Angebot der Bahngesellschaft wird sehr gut angenommen. Beförderte die Deutsche Bahn 1998 im Weser-Ems-Netz gerade einmal 2,66 Millionen Fahrgäste, waren es 2001 bereits 4,58 Millionen Reisende – im Jahr 2003 schließlich wurde die 5-Millionen-Grenze überschritten. Konkret verdoppelten sich die Fahrgastzahlen innerhalb von nur zwei Jahren – bereits im ersten Jahr war ein Anstieg in Höhe von

Zwei Wettbewerber in enger Tuchfühlung. Am 14. September 2006 stehen NWB-VT 516 (NWB 81363, links) und 146 123 von DB Regio (RE 4460, rechts) nebeneinander im Bremer Hauptbahnhof. Zuvor hatten sie beide – auf unterschiedlichen Strecken – ihren Weg von Osnabrück bis an die Weser zurückgelegt.   Foto: Dr. Matthias Schmidt

Alle im Weser-Ems-Netz eingesetzten Triebwagen werden im Betriebswerk der NordWestBahn im Osnabrücker Hafen unterhalten. Am 15. April 2007 warteten dort unter anderem VT 519 (links) und VT 524 (rechts) auf ihre nächsten Einsätze.   Foto: Dr. Matthias Schmidt

Wie auf dem Weser-Ems-Netz, so war auch die Bahnverbindung Münster – Warendorf – Bielefeld eine Stammstrecke der Baureihe 624/634. Egbert von Steuber fotografierte am 9. Dezember 2003 in Telgte 624 505, 924 419, 624 637 (RB 12868 Bielefeld – Münster).

Kein halbes Jahr später war die Strecke fest in der Hand der modernen Talent-Dieseltriebwagen der NordWestBahn: Am 16. April 2006 verlässt VT 702 Münster Hbf als Zug NWB 81556 mit Ziel Bielefeld.

Foto: Dr. Matthias Schmidt

70 Prozent zu verzeichnen. Angesichts dieser sehr positiven Bilanz verwundert es nicht, dass im Februar 2005 die Entscheidung gefällt wurde, der NWB den Zuschlag für weitere zwölf Jahre zu erteilen. »Das von Anfang an gezeigte herausragende Engagement der NordWestBahn für ihre Kunden und die damit verbundenen Fahrgaststeigerungen von über 100 Prozent haben diese Entscheidung leicht gemacht«, sagte damals LNVG-Geschäftsführer Wolf Gorka. Im freihändig vergebenen Anschlussvertrag – mit einem Volumen von mehr als 4 Millionen Zugkilometern jährlich – wurde eine weitere Steigerung der Angebotsqualität bei geringeren Landeszuschüssen vereinbart. Zu nennen sind u. a. eine höhere Pünktlichkeitsquote von 95 Prozent sowie regelmäßige Fahrgastbefragungen. Bis zum Vertragsende werden mindestens 50 Prozent der Leistungen neu ausgeschrieben.

Das Ems-Senne-Weser-Netz

Im Amtsblatt der Europäischen Union erschien am 24. April 2001 eine gemeinsame Ausschreibung der Zweckverbände Verkehrsverbund Ostwestfalen-Lippe, SPNV Münsterland sowie des Nahverkehrsverbundes Paderborn / Höxter: Das etwa 250 km lange Ems-Senne-Weser-Netz stand mit einer Jahresleistung von 2,7 Millionen Zugkilometern (zuvor 2,4 Mio. Zugkilometer pro Jahr) für den Zeitraum von Dezember 2003 bis Dezember 2013 zur Vergabe an. Enthalten waren dabei folgende Linien:

- RB 67 »Der Warendorfer« Bielefeld – Münster
- RB 74 »Senne-Bahn« Bielefeld – Paderborn
- RE 82 »Der Leineweber« Bielefeld – Detmold – Altenbeken
- RB 84 »Egge-Bahn« Paderborn – Höxter – Holzminden

Am 13. / 14. Dezember 2001 erteilten die drei Zweckverbände der NordWestBahn GmbH den Zuschlag, wobei diese sich gegen sieben Wettbewerber durchsetzen musste. Bei dieser Entscheidung spielten nicht nur Preis sowie Angebots- bzw. Betriebskonzept eine wichtige Rolle, sondern u. a. auch die vorgesehenen Fahrzeuge, Fahrgastinformation, Marketing und Sauberkeit. Gleichwohl stellte sich das Angebot der NordWestBahn als die wirtschaftlichste Offerte dar. Allerdings konnte der Bahngesellschaft erst am 25. Januar 2002 die verbindliche Zusage gegeben werden. Zuvor hatte der unterlegene Bieter Rhenus Keolis seinen Nachprüfungsantrag zurückgezogen.

Am 14. Dezember 2003 begann die Betriebsaufnahme im Ems-Senne-Weser-Netz offiziell mit einer Sonderfahrt von Münster Hbf nach Warendorf. An Bord war viel Prominenz von Kommunen, Zweckverbänden und auch der NordWest-Bahn. Vorausgegangen war dem Betriebsstart ein umfangreiches Marketing entlang der Bahnstrecken: Die NordWest-Bahn präsentierte sich im Rahmen unterschiedlichster Anlässe in 25 Orten. Der Fahrplan sieht auf den vier Nahverkehrslinien überwiegend einen Stundentakt vor, teilweise

fahren die Züge auch im Zwei-Stunden-Takt. Insgesamt erhöhte sich das Zugangebot leicht von 2,4 (DB Regio) auf 2,7 Mio. Zugkilometer pro Jahr. Fahrkarten können am Automaten im Zug gelöst werden. Auch können im Zug Kalt- und Warmgetränke aber auch Suppen per Knopfdruck erworben werden. Zudem werden in den Zügen insgesamt sechs Radio- und MP 3-Programme angeboten, wobei man die passenden Ohrhörer für wenig Geld beim Zugpersonal erwerben kann. In vielen Zügen sind Servicekräfte mit an Bord. Wie beim Weser-Ems-Netz, so gibt es auch im NRW-Netz mit dem Bielefelder Servicebüro eine zentrale Anlaufstelle für die Fahrgäste. Auch die in Nordrhein-Westfalen von der NordWestBahn bedienten Regionen werden touristisch vermarktet: In der Broschüre »HalteWunsch« werden Stationen vorgestellt, die sich touristisch lohnen. Dazu gehören auch einige Radwanderrouten. Im folgenden ein Blick auf die vier von der NWB bedienten Linien:

RB 67 »Der Warendorfer« Bielefeld – Münster

Die RegionalBahn-Linie 67 führt über die im Eigentum der DB Netz AG befindliche Kursbuchstrecke 406 Münster – Bielefeld – Lage – Altenbeken, wobei folgende Stationen bedient werden: Münster (Westf) Hbf (km 0), Telgte (km 11), Raestrup-Everswinkel (bei Bedarf, km 17), Warendorf (km 26), Beelen (km 35), Clarholz (km 42), Herzebrock (km 45), Rheda-Wiedenbrück (km 50), Gütersloh Hbf (km 59), Isselhorst-Avenwedde (nur einzelne Züge, km 64), Brackwede (km 72) und Bielefeld Hbf (km 76). Die Strecke ist zwischen Münster und Rheda-Wiedenbrück nicht elektrifiziert und eingleisig, wobei in Telgte, Warendorf und Beelen gekreuzt werden kann. Von Rheda-Wiedenbrück nach Bielefeld geht es dann weiter über die viergleisige, elektrifizierte »Rollbahn« Hamm – Hannover. Zunächst wurde zwischen Münster und Warendorf ein angenäherter Stunden-, zwischen Warendorf und Bielefeld ein Zwei-Stunden-Takt angeboten. Zusätzlich verkehrten und verkehren in den Hauptverkehrszeiten Verstärkerzüge. Auch fahren stark nachgefragte Verbindungen als Doppeltraktionen. Nachdem 6,4 Millionen Euro in die Strecke investiert wurden – sechs ungesicherte Bahnübergänge wurden geschlossen, zwei Übergänge wurden mit Ampeln gesichert, der Oberbau wurde einschließlich Brückenbauwerken ertüchtigt, Streckenblock und Telekommunikation wurden neu gebaut – konnte die Streckengeschwindigkeit von 60 auf 100 km / h erhöht werden. So konnte zum 11. Dezember 2006 auch zwischen Warendorf und Bielefeld ein Stundentakt eingeführt werden. Aktuell stellt sich das Fahrplanschema wie folgt dar:

werktags	5 bis 23 Uhr	60-Minuten-Takt
sonn- und feiertags	9 bis 22 Uhr	60-Minuten-Takt

Die Züge dieser Linie werden nach Zugnummernwechsel in Bielefeld als RE 82 »Der Leineweber« weiter bis nach Detmold bzw. Altenbeken durchgebunden.

Eher an einen S-Bahnhof als an den Bahnhof einer münsterländischen Kleinstadt erinnert heute das Bahnhofsumfeld in Warendorf. Am 31. Oktober 2004 wartet dort VT 710 auf Ausfahrt als Zug NWB 82537 nach Münster Hbf.
Foto: Dr. Matthias Schmidt

Wichtigster Knotenpunkt im Ems-Senne-Weser Netz ist zweifellos der Bielefelder Hauptbahnhof, welcher derzeit von vier Linien der NordWestBahn bedient wird. Dort herrscht am 2. Januar 2007 Hochbetrieb, als VT 706 als Zug NWB 81467 nach Paderborn auf den Abfahrauftrag wartet.
Foto: Dr. Matthias Schmidt

RB 74 »Senne-Bahn« Bielefeld – Paderborn

Züge der RegionalBahn-Linie 74 verkehren über die im Eigentum der DB Netz AG befindliche Kursbuchstrecke 403 Bielefeld – Sennestadt – Paderborn – Ottbergen – Holzminden, wobei Bielefeld Hbf (km 0), Brackwede (km 4), Brackwede Süd (km 7), Windelsbleiche (km 10), Sennestadt (km 13), Schloß Holte (km 17), Hövelriege (km 23), Hövelhof (km 28), Sennelager (km 35), Schloss Neuhaus (km 39), Paderborn Nord (km 41), Paderborn Kasseler Tor (km 43) und Paderborn Hbf (km 44) bedient werden. Mit Ausnahme des Abschnittes Bielefeld – Brackwede (hier wird die viergleisige, elektrifizierte Hauptstrecke Hamm – Hannover befahren) ist die Strecke eingleisig, wobei in Sennestadt und Sennelager planmäßig gekreuzt wird. Ein Blick auf das Fahrplanschema:

werktags außer samstags	5 bis 23 Uhr	60-Minuten-Takt
samstags	5 bis 22 Uhr	60-Minuten-Takt
sonn- und feiertags	9 bis 21 Uhr	120-Minuten-Takt

Die Züge werden in Paderborn Hbf nach Zugnummernwechsel als RegionalBahn 84 bis nach Holzminden durchgebunden.

RE 82
»Der Leinneweber« Bielefeld – Detmold – Altenbeken

»Der Leineweber« verkehrt über die im Eigentum der DB Netz AG befindliche Kursbuchstrecke 406 Münster – Bielefeld – Lage – Altenbeken, wobei planmäßig in Bielefeld Hbf (km 0), Oerlinghausen (nicht alle Züge, km 11), Lage (Lippe) (km 22), Detmold (km 31), Horn-Bad Meinberg (km 40) und Altenbeken (km 60) gehalten wird. Die Strecke ist zwischen Bielefeld und Himmighausen eingleisig, ab Lage bis zum Zielbahnhof Altenbeken wird unter Fahrdraht gefahren. Zwischen Himmighausen und Altenbeken wird ein Abschnitt der zweigleisigen Verbindung Hamm – Paderborn – Altenbeken – Warburg – Kassel (KBS 430) benutzt. Der Regional-Express verkehrt nach folgendem Fahrplanschema:

Bielefeld – Detmold

werktags außer samstags	6 bis 22 Uhr	60-Minuten-Takt
samstags	7 bis 16 Uhr	60-Minuten-Takt
	16 bis 23 Uhr	120-Minuten-Takt
sonn- und feiertags	8 bis 23 Uhr	120-Minuten-Takt

Detmold – Altenbeken

werktags außer samstags	6 bis 8 Uhr	60-Minuten-Takt
	8 bis 12 Uhr	120-Minuten-Takt
	16 bis 22 Uhr	120-Minuten-Takt
samstags	8 bis 12 Uhr	120-Minuten-Takt
	16 bis 22 Uhr	120 Minuten-Takt
sonn- und feiertags	8 bis 12 Uhr	120-Minuten-Takt
	16 bis 22 Uhr	120-Minuten-Takt

Die Züge werden in Bielefeld nach Zugnummernwechsel durchgebunden als RegionalBahn-Linie 67 nach Münster Hbf.

Vor dem 10. Dezember 2006 stellte sich das Zugangebot zwischen Detmold und Altenbeken deutlich umfangreicher dar: Nachdem die Deutsche Bahn AG Fernzüge der Mitte-Deutschland-Verbindung Düsseldorf – Hamm – Paderborn – Altenbeken – Warburg gestrichen hatte, wurden Nahverkehrszüge zwischen Detmold und Altenbeken gestrichen, die in Altenbeken nunmehr keinen Fernverkehrsanschluss mehr gehabt hätten.

RB 84 »Egge-Bahn« Paderborn – Holzminden

Die »Egge-Bahn« verkehrt über die Kursbuchstrecke 403 Bielefeld – Sennestadt – Paderborn – Ottbergen – Holzminden der DB Netz AG von Paderborn Hbf (km 0) nach Holzminden (km 66) in Niedersachsen. Bedient werden dabei die Stationen Altenbeken (km 17), Bad Driburg (Westf) (km 27), Brakel (Höxter) (km 39), Ottbergen (km 48), Godelheim (km 53), Höxter Rathaus (km 58) und Lüchtringen (km 62). Von Paderborn Hbf bis Altenbeken geht es zunächst über die elektrifizierte, zweigleisige Hauptstrecke Hamm – Paderborn – Altenbeken – Warburg – Kassel, zweigleisig, aber nicht elektrifiziert, weiter bis Ottbergen. Von hier aus bis zum Endbahnhof Holzminden ist die Strecke eingleisig, wobei auf diesem Streckenabschnitt nicht planmäßig gekreuzt wird. Gefahren wird nach folgendem Schema:

werktags außer samstags	4 bis 22 Uhr	60-Minuten-Takt
samstags	5 bis 23 Uhr	60-Minuten-Takt
sonn- und feiertags	7 bis 23 Uhr	60-Minuten-Takt

Zusätzlich verkehren in den Hauptverkehrszeiten Verstärkerzüge. Die Züge der RegionalBahn-Linie werden in Paderborn Hbf nach Zugnummernwechsel bis nach Bielefeld Hbf (RB 74 Senne-Bahn) durchgebunden.

Der »Haller Willem«

Nachdem die NordWestBahn bereits für das Ems-Senne-Weser-Netz den Zuschlag bekommen hatte, unterbreitete sie dem Zweckverband Verkehrsverbund Ostwestfalen-Lippe (VVOWL) für den Zeitraum von Dezember 2003 bis Dezember 2006 ein attraktives Ergänzungsangebot für die RegionalBahn-Linie 75 »Haller Willem«, welche zu diesem Zeitpunkt Bielefeld Hbf mit Dissen-Bad Rothenfelde verband und von der DB Regionalbahn Westfalen GmbH gefahren wurde. Der Zweckverband vergab die Verkehrsleistung im Umfang von jährlich 435.000 Zugkilometern freihändig an die NWB, welche hier dann am 14. Dezember 2003 – zeitgleich mit dem Ems-Senne-Weser-Netz – den Betrieb aufnahm.

Zu diesem Zeitpunkt war bereits klar, dass die Züge der Nahverkehrslinie bald auch wieder über Dissen-Bad Rothenfelde hinaus bis nach Osnabrück Hbf verkehren werden. Nachdem dort 1984 der letzte Reisezug verkehrt und 1992 auch der Güterverkehr eingestellt worden war, sah es zunächst für diesen Schienenstrang nach endgültiger Stilllegung und Rückbau aus, wozu es aber nicht kommen soll-

Nachdem VT 706 am 24. Oktober 2006 als »Senne-Bahn« von Bielefeld Hbf nach Paderborn Hbf gefahren ist, wird er in Kürze als »Egge-Bahn« (NWB 81987) nach Holzminden weiterfahren. Foto: Dr. Matthias Schmidt

Bereits vor der Wiederinbetriebnahme des Streckenabschnittes Osnabrück – Dissen-Bad Rothenfelde im Juni 2005 fanden hier Test- und Personalschulungsfahrten statt. Am 15. April 2005 fotografierte hier Thomas Krick Desiro-VT 560.

Hochbetrieb auf dem »Haller Willem«: Anlässlich der Reaktivierung des niedersächsischen Streckenabschnittes fanden am 12. Juni 2005 entlang der Strecke viele Feierlichkeiten statt und die Züge verkehrten in Doppeltraktion. An diesem Tag lichtete Thomas Krick den aus Bielefeld kommenden VT 715 in Oesede ab.

Bereit für die Fahrt von Bielefeld nach Osnabrück: VT 704 wartet am 2. Januar 2007 auf Ausfahrt (NWB 81611).   Foto: Dr. Matthias Schmidt

te: Die Verkehrsgesellschaft Landkreis Osnabrück GmbH (VLO) mietete für eine Deutsche Mark pro Jahr von der DB Netz AG den Streckenabschnitt Dissen-Bad Rothenfelde – Osnabrück-Hörne an, wobei der Vertrag zunächst eine Laufzeit von 30 Jahren hat. Nachdem die Landesnahverkehrsgesellschaft Niedersachsen mbH (LNVG) 57 Bahnstrecken hinsichtlich einer möglichen Reaktivierung für den Schienenpersonennahverkehr hat untersuchen lassen, und die Verbindung mit einem Potential von 3.600 Fahrgästen pro Tag am besten abgeschnitten hatte, erteilte das Land Niedersachsen für das Projekt eine Finanzierungszusage, welche im Januar 2003 in einem Finanzierungsvertrag zwischen dem Land Niedersachsen, der LNVG und den VLO mündete: Von den Gesamtkosten der Reaktivierung in Höhe von 16,3 Millionen Euro übernahm das Land Niedersachen 10,7 Millionen Euro, wobei es sich um Regionalisierungsmittel handelte. Schon am 10. Juni 2005 entfernte Niedersachsens damaliger Ministerpräsident Christian Wulff in Dissen-Bad Rothenfelde symbolisch den Prellbock für den ersten Reisezug auf der reaktivierten Strecke. Zuvor hatte die LNVG die Verkehrsleistung für diesen Abschnitt für den Zeitraum von Juni 2005 bis Dezember 2006 freihändig an die NordWestBahn vergeben.

Im Februar 2005 hatten Zweckverband Verkehrsverbund Ostwestfalen-Lippe und Landesnahverkehrsgesellschaft Niedersachsen mbH die RegionalBahn-Linie 75 Bielefeld Hbf – Osnabrück Hbf neu europaweit ausgeschrieben. Bei einer Vertragslaufzeit von Dezember 2006 bis Dezember 2013 beläuft sich das Auftragsvolumen auf jährlich 784.000 Zugkilometer. Die NordWestBahn konnte sich im Wettbewerbsverfahren gegen mehrere Wettbewerber durchsetzen – die Vergabeentscheidung fiel am 27. Juli 2005. Die NWB hatte größtes Interesse am Zuschlag für den »Haller Willem«: Die Strecke verbindet das Ems-Senne-Weser-Netz mit dem Weser-Ems-Netz und dem Bahnbetriebswerk im Osnabrücker Hafen.

Die RegionalBahn-Linie 75 »Haller Willem« führte zunächst von Bielefeld Hbf (km 0) bis Dissen-Bad Rothenfelde (km 30) über Gleise der DB Netz AG (Kursbuchstrecke 402). Seit dem 10. Juni 2005 verkehren die Züge der NordWestBahn über diese Station hinaus bis nach Osnabrück Hbf (km 56), wobei dieser Abschnitt durch die Verkehrsbetriebe Landkreis Osnabrück GmbH (VLO) als Eisenbahninfrastrukturunternehmen von der DB Netz AG angemietet worden ist. Gehalten wird dabei in Brackwede (km 4), Quelle-Kupferheide (km 6), Quelle (km 7), Steinhagen (Westf) Bielefelder Straße (km 10), Steinhagen (Westf) (km 11), Künsebeck (km 14), Halle (Westf) (km 17), Halle (W) Gerry-Weber-Stadion (km 18), Hesseln (km 20), Borgholzhausen (km 24), Westbarthausen (km 27), Dissen-Bad Rothenfelde (km 30), Hilter (km 33), Wellendorf (km 39), Kloster Oesede (km 42), Oesede (km 46) und in Osnabrück-Sutthausen (km 50). Von Bielefeld Hbf bis Brackwede geht es zunächst über die elek-

trifizierte und dort viergleisige Hauptstrecke Hannover – Hamm. Von Brackwede bis Osnabrück-Hörne (zwischen Osnabrück-Sutthausen und Osnabrück Hbf gelegen) folgt dann eine nicht elektrifizierte, eingleisige Strecke, wobei planmäßig in Quelle, Halle und Wellendorf gekreuzt wird. Von Osnabrück-Hörne bis Osnabrück Hbf verläuft die Strecke weiter über die elektrifizierte Hauptbahn Münster – Bremen – Hamburg. Zwischen Westbarthausen und Dissen-Bad Rothenfelde wird die Landesgrenze zwischen Nordrhein-Westfalen und Niedersachsen passiert. Die Nahverkehrsverbindung wird täglich im Stundentakt bedient, wobei der Abschnitt zwischen Bielefeld Hbf und Halle werktags außer samstags von 6 bis 19 Uhr fast durchgehend im 30-Minuten-Takt bedient wird. Für den Stundentakt gilt folgendes Fahrplanschema:

werktags außer samstags	4 bis 23 Uhr	60-Minuten-Takt
samstags	5 bis 23 Uhr	60-Minuten-Takt
sonn- und feiertags	7 bis 22 Uhr	60-Minuten-Takt

Insbesondere auf dem nordrhein-westfälischen Streckenabschnitt zwischen Bielefeld und Dissen-Bad Rothenfelde erfreuen sich die Züge der NWB einer sehr hohen Nachfrage. Auf dem im Juni 2005 reaktivierten Abschnitt Dissen-Bad Rothenfelde – Osnabrück wurden nach den ersten hundert Betriebstagen 1.500 tägliche Reisende gezählt, nach einem Jahr waren es 1.700 Personen. Während der Freizeitverkehr alle Erwartungen übertroffen hat, blieben die Zahlen im Berufs- und Schülerinnen- und Schülerverkehr bisher deutlich hinter den Prognosen zurück. Seinerzeit wurde ein tägliches Fahrgastpotential von insgesamt 3.600 Reisenden ermittelt. Auch vor diesem Hintergrund haben NordWestBahn und Verkehrsverbund Ostwestfalen-Lippe für 2007 einen Marketingplan für den »Haller Willem« vorgelegt, der auf eine Erhöhung der Nachfrage in den Bereichen Freizeit, Beruf und Schule abzielt. So bieten NordWestBahn, Stadt Bad Rothenfelde, Verkehrsgemeinschaft Osnabrück (VOS) und Landesnahverkehrsgesellschaft Niedersachsen das Angebot »Bahn Bus Bad« an: Der »Haller Willem« bringt Reisende täglich zum Bahnhof Dissen. Von dort aus geht es dann mit dem Bus weiter zum Hallen-Sole-Wellenbad nach Rothenfelde. Wer mit einer VOS-Plus-Fahrkarte anreist, bekommt beim Eintritt 10 Prozent Rabatt. Ergebnis auch dieser Aktivitäten sind zunehmende Fahrgastzahlen auf dem »Haller Willem«: rund 2.000 tägliche Reisende zwischen Osnabrück und Dissen-Bad Rothenfelde, etwa 5.000 Fahrgäste im anschließenden Abschnitt bis Bielefeld wurden 2010 gezählt.

Am 14. April 2010 veröffentlichte der Zweckverband Nahverkehr Westfalen-Lippe im Amtsblatt der Europäischen Gemeinschaften, dass das gesamte Ems-Senne-Weser-Netz in das »Dieselnetz Ostwestfalen-Lippe« integriert wird, wozu darüber hinaus die derzeit von Keolis bedienten Strecken RB 71 Bielefeld – Rahden und RB 73 Bielefeld – Lemgo

Im Einsatz für die NordWestBahn: VT 0011 der Ostseeland Verkehr GmbH ist am 2. Januar 2007 als NWB 81592 von Halle nach Bielefeld Hbf gefahren.
Foto: Dr. Matthias Schmidt

Bereits eine Woche wickelte die NordWestBahn den Betrieb auf dem Emscher-Münsterland-Netz ab, als Dr. Matthias Schmidt am 17. Dezember 2006 im Bahnhof Dorsten dieses Foto schoss: Leihweise setzte die NWB VT 643.19 und 643.20 (rechts, NWB 33916 Essen – Borken) sowie VT 643.21 (links, NWB 33869 Dorsten – Dortmund) von Angel Trains ein.

sowie die von der Deutschen Bahn betriebenen Verbindungen RB 85 Ottbergen – Göttingen und die Nahverkehrslinie Holzminden – Kreiensen gehören werden. Das Vergabeverfahren wird ca. 5,3 Millionen jährliche Zugkilometer beinhalten und voraussichtlich am 15. November 2010 eingeleitet. Ab Dezember 2013 soll dann auf dem Netz der erfolgreiche Bieter den Betrieb aufnehmen.

Das »Emscher-Münsterland-Netz«

Nach einer europaweiten Ausschreibung erteilten der federführende Zweckverband Verkehrsverbund Rhein-Ruhr sowie der Zweckverband SPNV Münsterland (ZVM) am 19. September 2005 der NordWestBahn GmbH den Zuschlag für das 140 Kilometer lange »Emscher-Münsterland-Netz« mit einer Jahresleistung von rund 1,5 Millionen Zugkilometern. Diese verteilen sich wie folgt auf drei Nahverkehrsverbindungen:

- RE 14 »Der Borkener« Borken – Dorsten – Essen
  635.000 Zugkilometer/Jahr
- RB 43 »Emschertal-Bahn« Dortmund – Dorsten
  575.000 Zugkilometer/Jahr
- RB 45 »Der Coesfelder« Dorsten – Coesfeld
  335.000 Zugkilometer pro Jahr

Die Vertragslaufzeit begann für alle drei Linien im Dezember 2006 und endet für die RE 14 und RB 45 nach zwölf Jahren im Dezember 2018. Aus verfahrensrechtlichen Gründen läuft der Vertrag bei der RB 43 bereits im Dezember 2010 aus. Im Frühjahr 2010 hat der Verkehrsverbund Rhein-Ruhr dann aber für ein weiteres Jahr bis Dezember 2011 die »Emschertal-Bahn« an die NordWestBahn direkt vergeben.

Ausschlaggebend für die Beauftragung der NWB waren nicht nur der Preis, sondern zu 30 Prozent auch Qualität und Innovation des Angebotes. Zum Konzept der NordWestBahn gehören u.a. der Einsatz moderner Talent-Triebwagen, erhöhte Sicherheit in den Zügen durch ein Video-Überwachungskonzept, der Einsatz von Servicepersonal in den Zügen, aber auch die Einrichtung einer Kundenanlaufstelle in Dorsten. Nach einer »Rollenden Pressekonferenz«, welche am 30. November 2006 von Essen über Bottrop nach Dorsten führte, lief am 10. Dezember 2006 der planmäßige Betrieb der NWB im »Emscher-Münsterland-Netz« an. Der Start verlief reibungslos.

RE 14
»Der Borkener« Essen – Bottrop – Dorsten – Borken

Der »Borkener« verkehrt über die Kursbuchstrecke 423 von Borken (Westf) (km 0) nach Essen Hbf (km 54), wobei ausschließlich Gleise der DB Netz AG befahren werden. Gehalten wird dabei in Marbeck-Heiden (km 6), Rhade (km 13), Deuten (km 17), Hervest-Dorsten (km 22), Dorsten (km 24), Feldhausen (km 29), Gladbeck-Zweckel (km 32), Gladbeck West (km 34), Bottrop Hbf (km 42) und in Essen-Borbeck (km 48). Von Borken bis Dorsten wird zunächst eine eingleisige, nicht elektrifizierte Strecke befahren, bis Gladbeck-Zweckel ist es dann zweigleisig. Dort geht es zunächst eingleisig bis Gladbeck West weiter. Es folgt ein zweigleisiger, elektrifizierter Abschnitt bis Bottrop Hbf. Nach einem kurzen eingleisigen Abschnitt bis Essen-Dellwig geht es dann zwei- bzw. mehrgleisig und elektrifiziert weiter bis zum Zielbahnhof Essen Hbf. Auf den eingleisigen Abschnitten ist dabei planmäßig keine Zugkreuzung vorgesehen. Das Zugangebot sieht zwischen Dorsten und Essen täglich einen Stundentakt vor. Samstag Abend sowie Sonntag Vormittag wird zwischen Borken und Dorsten alle zwei Stunden gefahren:

Borken – Dorsten

werktags außer samstags	5 bis 23 Uhr	60-Minuten-Takt
samstags	5 bis 18 Uhr	60-Minuten-Takt
	18 bis 22 Uhr	120-Minuten-Takt
sonn- und feiertags	7 bis 12 Uhr	120-Minuten-Takt
	12 bis 23 Uhr	60-Minuten-Takt

Historische Signaltechnik – moderne Züge: VT 721 und 741 fahren am 7. April 2007 als Zug NWB 33916 Essen – Borken aus dem Bahnhof Dorsten aus.
Foto: Dr. Matthias Schmidt

Während es am 5. Januar 2007 im Bahnhof Coesfeld rund um den VT 772 der NWB (NWB 33793 Coesfeld – Dorsten) eher einsam und verlassen wirkt...

Foto: Dr. Matthias Schmidt

... herrschte im Januar 2008 im Bahnhof Dorsten Hochbetrieb als VT 747 gerade aus Coesfeld kommend eingefahren ist. Links wartet bereits der Anschlusszug nach Essen.

Foto: Simon Obszerninks

Dorsten – Essen

werktags	5 bis 22 Uhr	60-Minuten-Takt
sonn- und feiertags	6 bis 22 Uhr	60 Minuten-Takt

Während der Hauptverkehrszeit verkehren die Züge in Doppeltraktion, wobei zwischen Dorsten und Essen Hbf in den Stoßzeiten Verstärkerzüge verkehren. Nachdem es hier zunächst zu überfüllten Zügen gekommen war – gegenüber den Zügen der Deutschen Bahn verringerte sich die Zahl der Sitzplätze jeweils um 40 – wurde das Angebot kurzfristig noch weiter ausgebaut.

RB 43 »Emschertal-Bahn« Dorsten – Dortmund

Die »Emschertal-Bahn« verkehrt auf der im Eigentum der DB Netz AG befindlichen Kursbuchstrecke 426 zwischen Dorsten (km 0) und Dortmund Hbf (km 57), wobei in Feldhausen (km 5), Gladbeck-Zweckel (km 8), Gladbeck Ost (km 10), Gelsenkirchen-Buer Süd (km 15), Gelsenkirchen Zoo (km 20), Wanne-Eickel Hbf (km 26), Herne (km 30), Herne-Börnig (km 37), Castrop-Rauxel Süd (km 40), Castrop-Rauxel-Merklinde (km 43), Dortmund-Bövinghausen (km 44), Dortmund-Lütgendortmund Nord (km 46), Dortmund-Marten (km 49), Dortmund-Rahm (km 51) und Dortmund-Huckarde Nord (km 53) gehalten wird. Die Strecke ist überwiegend zweigleisig – eingleisige Abschnitte (auf denen nicht gekreuzt wird) bestehen zwischen Gladbeck-Zweckel und Gelsenkirchen-Hugo, Wanne-Unser Fritz und Wanne-Eickel Hbf, Herne – Castrop-Rauxel Süd, Dortmund-Bövinghausen und Dortmund-Marten sowie zwischen Dortmund-Rahm und Dortmund-Huckarde Nord. Der Fahrdraht hängt zwischen Gelsenkirchen-Bismark und Herne. Die Linie wird ab Samstag Nachmittag sowie an Sonn- und Feiertagen im 120-Minuten-Takt bedient, ansonsten verkehrt in jeder Richtung jede Stunde ein Zug:

werktags außer samstags	5 bis 22 Uhr	60-Minuten-Takt
samstags	6 bis 16 Uhr	60-Minuten-Takt
	16 bis 22 Uhr	120-Minuten-Takt
sonn- und feiertags	8 bis 22 Uhr	120-Minuten-Takt

Da diese Linie zunächst nur bis Dezember 2010 an die NordWestBahn vergeben worden war, wurde sie am 1. März 2007 im Amtsblatt der Europäischen Gemeinschaften im Rahmen eines Teilnahmewettbewerbes für ein wettbewerbliches Verwaltungsverfahren zum Betrieb des Schienenpersonennahverkehrs auf dem Niers-Rhein-Emscher-Netz mit ausgeschrieben. Allerdings wurde sie später bei gleichzeitiger Vertragsverlängerung mit der NordWestBahn wieder aus diesem Vergabeverfahren herausgenommen.

RB 45 »Der Coesfelder« Dorsten – Coesfeld

»Der Coesfelder« verkehrt über die im Eigentum der DB Netz AG befindliche Kursbuchstrecke 426 von Dorsten (km 0) nach Coesfeld (Westf) (km 35), wobei in Hervest-Dorsten (km 2), Wulfen (Westf) (km 7), Lembeck (km 11), Reken (km 17) und Maria Veen (km 23) gehalten wird. Auf der eingleisigen, nicht elektrifizierten Bahnlinie kreuzen die Züge planmäßig in Maria Veen. Ursprünglich umfasste das Fahrplankonzept der RegionalBahn-Linie 45 montags bis samstags einen Stunden- sowie Sonn- und Feiertags einen Zwei-Stunden-Takt. Nachdem die Kürzungen bei den Regionalisierungsmitteln durch den Bund die Zweckverbände dazu zwangen, Angebotskürzungen zu realisieren, traf dieses sehr spürbar die Verbindung zwischen Dorsten und Coesfeld, wobei ihr im Rahmen der Kürzungsdiskussion zeitweise sogar die Abbestellung bzw. Stilllegung drohte. Am Ende verständigten sich die beteiligten Zweckverbände auf die Reduzierung des Angebotes an Samstagen von einem Ein- auf einen Zwei-Stunden-Takt sowie werktags außer samstags auf die Streichung eines Zugpaares in den späten Vormittagsstunden. Das aktuelle Fahrplankonzept stellt sich somit wie folgt dar:

werktags außer samstags	5 bis 20 Uhr	60-Minuten-Takt
samstags	7 bis 20 Uhr	120-Minuten-Takt
sonn- und feiertags	9 bis 20 Uhr	120-Minuten-Takt

Werktags außer samstags wird der Stundentakt bis auf die Stunde 11 eingehalten, in welcher kein Zug verkehrt.

Farge-Vegesacker Eisenbahn

Am 15. Dezember 2007 nahm die NordWestBahn auf der 10,4 Kilometer langen Strecke zwischen Bremen-Vegesack und Bremen-Farge den Schienenpersonennahverkehr auf: An diesem »Schnuppertag« konnten Interessierte sich ein Bild von der Strecke, den Fahrzeugen und dem Service machen, zwischen 11 und 17 Uhr verkehrten die Züge im Halbstundentakt. Am 16. Dezember 2007 wurde dann auf der Bahnstrecke nach mehr als 45 Jahren wieder planmäßiger Schienenpersonennahverkehr angeboten. Der Start verlief reibungslos, die Züge verkehrten pünktlich. Die NordWestBahn überraschte ihre Fahrgäste mit einer Schneekugel als kleinem Begrüßungsgeschenk und viel Service. Zahlreiche Neugierige und reguläre Fahrgäste erlebten zuverlässigen Nahverkehr und zur Feier des Tages Kleinkunst in den Triebwagen.

Die Farge-Vegesacker Eisenbahn AG – seit 1953 Farge-Vegesacker Eisenbahn-Gesellschaft mbH (FVE) – nahm die Verbindung am 31. Dezember 1888 in Betrieb. Am 1. November 1961 endete hier zunächst der Reisezugverkehr. Bis zum Jahr 2000 sorgte vor allem ein großes Kohlekraftwerk auf der Bahnstrecke für umfangreichen Güterverkehr. Seitdem die Kohle ausschließlich per Schiff geliefert wird, ging der Verkehr stark zurück. Die verbliebenen Transporte wurden ab 2003 zunächst von der NordWestCargo GmbH, seit 2005 bis heute von der TWE Bahnbetriebs GmbH durchgeführt. Die FVE ist seitdem reiner Infrastrukturbetreiber. Nachdem

Die NordWestBahn erreicht planmäßig auch die Ruhrmetropole Essen. Am 19. Juli 2007 wartete VT 742 in Essen Hbf als Zug NWB 33914 auf Ausfahrt mit dem Ziel Borken. Foto: Dr. Matthias Schmidt

die Freie und Hansestadt Bremen auf Grundlage einer Prognose von täglich 4.500 Fahrgästen beschlossen hatte, auf der Strecke der Privatbahn planmäßige Nahverkehrszugleistungen zu bestellen, wurde diese umfassend modernisiert. Dazu gehört auch ein modernes Stellwerk, welches im Bahnhof Farge entstand und von wo aus die Fahrdienstleitung für einen reibungslosen Betriebsablauf sorgt. Der Bund und die Freie und Hansestadt Bremen förderten die Reaktivierung der Bahnstrecke für den Schienenpersonennahverkehr mit rund 20 Millionen Euro.

Die NordWestBahn GmbH bedient seit Dezember 2007 im Auftrag der Freien und Hansestadt Bremen die Bahnhöfe bzw. Haltestellen Bremen-Vegesack (km 10), Bremen-Aumund (km 8), Klinikum Bremen Nord / Beckedorf (km 7), Bremen-Blumenthal (km 5), Bremen Mühlenstraße (km 5), Bremen Kreinsloger (km 4), Bremen Turnerstraße (km 3) und Bremen-Farge (km 0) mit zwei Talent-Dieseltriebwagen im Halbstundentakt, wobei planmäßig in Klinikum Bremen Nord / Beckedorf gekreuzt wird. In Bremen-Vegesack besteht direkter Anschluss an die Züge von / nach Bremen Hbf. Die Leistung beläuft sich auf 300.000 Zugkilometer pro Jahr. Der Verkehrsvertrag ist bis 2011 befristet. Ab diesem Zeitpunkt ist die Bahnlinie dann in das Regio-S-Bahn-Netz Bremen / Niedersachsen integriert, wozu sie bis dahin elektrifiziert werden soll. Das aktuelle Fahrplanschema stellt sich wie folgt dar:

werktags	4 bis 24 Uhr	30-Minuten-Takt
sonn- und feiertags	6 bis 24 Uhr	30-Minuten-Takt

Niers-Rhein-Emscher-Netz

Am 1. März 2007 haben Verkehrsverbund Rhein-Ruhr (VRR) und Nahverkehrs-Zweckverband Niederrhein im Amtsblatt der Europäischen Gemeinschaften die Ausschreibung des Niers-Rhein-Emscher-Netzes veröffentlicht, welches zunächst die folgenden fünf Nahverkehrslinien umfasste:

- RE 10 Kleve – Düsseldorf Hbf (bisher Deutsche Bahn)
- RB 31 Duisburg Hbf – Xanten (bisher Deutsche Bahn)
- RB 36 Oberhausen Hbf – Duisburg-Ruhrort (bisher Prignitzer Eisenbahn)
- RB 43 Dorsten – Dortmund Hbf (bisher NordWestBahn)
- RB 44 Oberhausen Hbf – Dorsten (bisher Prignitzer Eisenbahn)

Das jährliche Leistungsvolumen belief sich zum Zeitpunkt der Ausschreibung auf 3,8 Millionen Zugkilometer. Vor dem Hintergrund gekürzter Regionalisierungsmittel ließen sich die Aufgabenträger als Mindestleistung ein »Basisnetz« mit einem Volumen von jährlich 2,8 Millionen Zugkilometern anbieten. Die Differenz von etwa 1,0 Millionen Zugkilometern sollten über vier Bausteine mit einem Volumen von

Am 15. Dezember 2007 nahm die NordWestBahn auf der für den Personenverkehr reaktivierten Bahnstrecke Bremen-Farge – Bremen-Vegesack den Verkehr auf. Das Foto zeigt den NWB-VT 721 im Bahnhof Bremen-Farge. Foto: NordWestBahn

0,05 bis 0,6 Millionen Kilometern zusätzlich angeboten werden, wobei keine bzw. einzelne Bausteine zusätzlich zum »Basisnetz« bestellt werden sollten. Konkret handelte es sich um folgende Bausteine:

- Baustein 1: RE 10, 25 % aller Umläufe zwischen Krefeld Hbf und Kleve
- Baustein 2: RB 31, vier Fahrten zur Hauptverkehrszeit zwischen Duisburg Hbf und Xanten an Werktagen außer samstags
- Baustein 3: RB 31, restliche Fahrten des Zwischentaktes Moers – Duisburg Hbf an Werktagen
- Baustein 4a: RB 43, gesamte Linie Dortmund Hbf – Dorsten
- Baustein 4b: RB 43, Südast der Linie: Dortmund Hbf – Wanne-Eickel Hbf

Die Betriebsaufnahme war auf den Linien RE 10 und RB 31 im Dezember 2009, auf den Verbindungen RB 36 und 44 wird im Dezember 2010 gestartet. Der Verkehrsvertrag hat eine Laufzeit bis Dezember 2025. Während des wettbewerblichen Verwaltungsverfahrens wurde dann die RegionalBahn-Linie 43 »Emschertal-Bahn« Dorsten – Dortmund aus der

–Ausschreibung herausgenommen. Diese wird bereits seit Dezember 2006 von der NordWestBahn bedient. Nachdem am 1. Februar 2008 eine zweiwöchige Einspruchsfrist abgelaufen war – von welcher kein unterlegener Bieter Gebrauch gemacht hatte – wurde der NordWestBahn für den Betrieb des Netzes der Zuschlag erteilt, wobei auf dem rund 255 Kilometer langen Streckennetz jährlich 3,2 Millionen Zugkilometer zu erbringen sind. Ein entsprechender Verkehrsvertrag wurde dann am 24. August 2009 von allen Vertragspartnern unterzeichnet.

Obwohl der offizielle Start auf dem Niers-Rhein-Emscher-Netz erst am 13. Dezember 2009 war, erbrachte die NordWestBahn bereits am Vortag erste Planleistungen: Um den Betreiberwechsel möglichst reibungslos zu vollziehen, übernahm die NWB bereits am 12. Dezember 2009 erste Zugfahrten: Gestartet wurde auf der RB 31 »Der Niederrheiner« um 19.09 Uhr ab Duisburg nach Xanten und auf dem RE 10 »Niers-Express« um 21.09 Uhr ab Düsseldorf nach Kleve. Sieben weitere Fahrten folgten an diesem Samstagabend. Auf diese Weise zog DB Regio ihre Züge aus dem Netz ab und die NWB konnte ihre Triebwagen in das neue Einsatzgebiet überführen. Am darauffolgenden Sonntag vollzog sich

Seit dem 13. Dezember 2009 setzt die NordWestBahn auch auf dem nordrhein-westfälischen Niers-Rhein-Emscher Netz moderne LINT-Dieseltriebwagen ein. Die Aufnahme der NordWestBahn zeigt den VT 559 auf der Fahrt von Düsseldorf nach Kleve. Foto: NordWestBahn

die offizielle Betriebsaufnahme reibungslos und viele Neugierige wollten sich gleich am ersten Tag selbst ein Bild von ihrem neuen Bahnunternehmen machen. In den neuen Zügen wurden die Fahrgäste mit einem »Backförmchen« mit Rezeptidee als kleinem Begrüßungsgeschenk aber auch mit Kleinkunst überrascht. Am Montagmorgen dann stand die große Bewährungsprobe im starken Berufs- und Schülerverkehr an. Alle Fahrzeuge gingen ohne technische Störungen pünktlich an den Start. Die bestellten Kapazitäten konnten vollständig zur Verfügung gestellt werden. Trotzdem waren wegen des winterlichen Wetters einzelne Züge sehr stark ausgelastet, vor allem im morgendlichen Verkehr von Kempen nach Krefeld sowie von Rheinberg nach Moers. Durch das erhöhe Fahrgastaufkommen ergaben sich Verspätungen von fünf bis maximal zehn Minuten. Im Laufe des Vormittags fuhren aber alle Züge wieder pünktlich. Im Dezember 2010 wird die NordWestBahn dann zwei bisher von der Prignitzer Eisenbahn GmbH bediente Nahverkehrslinien übernehmen: Die RB 36 Oberhausen Hbf – Duisburg-Ruhrort und RB 44 Oberhausen Hbf – Dorsten.

RE 10 »Niers-Express« Düsseldorf – Krefeld – Kleve

Die Züge der 92 Kilometer langen RegionalExpress-Linie fahren zunächst von Düsseldorf Hbf bis nach Krefeld Hbf über eine mehrgleisige, elektrifizierte Hauptbahn. Es schließt sich dann bis Geldern ein nicht elektrifizierter, zweigleisiger Abschnitt an. Von dort aus bis zum Endbahnhof Kleve ist die Strecke dann eingleisig. Die NordWestBahn bedient planmäßig die Bahnhöfe Düsseldorf Hbf (Kilometer 0), Meerbusch-Osterath (km 17), Krefeld-Oppum (km 24), Krefeld Hbf (km 27), Kempen (Nierderrhein) (km 39), Aldekerk (km 46), Nieukerk (km 50), Geldern (km 57), Kevelaer (km 66), Weeze (km 72), Goch (km 79), Bedburg-Hau (km 88) und Kleve (km 92), wobei die Züge planmäßig in Bedburg-Hau sowie in Weeze (nur während des Halbstundentaktes) kreuzen. Die Strecke wird werktags außer samstags abgesehen von den späteren Abendstunden (60-Minuten-Takt) im Halbstunden-Takt bedient. Samstags-, sonn- und feiertags wird jede Stunde in jede Richtung gefahren. Das aktuelle Fahrplanschema sieht wie folgt aus:

werktags außer samstags	4 bis 18 Uhr	30-Minuten-Takt
	18 bis 22 Uhr	60-Minuten-Takt
samstags	5 bis 22 Uhr	60-Minuten-Takt
sonn- und feiertags	6 bis 22 Uhr	60-Minuten-Takt

Beim »Niers-Express« wird vor allem zwischen Krefeld und Geldern beim morgendlichen Schüler- und Berufsverkehr über überfüllte Züge geklagt. Allerdings hat der VRR für die entsprechende Zugleistung bei der NWB nur eine Einfach- und keine Mehrfachtraktion bestellt, was schon im Vorfeld der Betriebsaufnahme im Dezember 2009 von Experten als nicht ausreichend kritisiert worden war.

RB 31
»Der Niederrheiner« Duisburg – Moers – Xanten

Die 45 Kilometer lange RegionalBahn verbindet Duisburg Hbf mit Xanten, wobei es zunächst von Duisburg Hbf bis Rheinkamp (zwischen Moers und Rheinberg (Rheinl) gelegen) über eine mehrgleisige, elektrifizierte Hauptbahn geht. Bis Millingen geht es dann auf einem Streckengleis unter Fahrdraht weiter. Ab hier bis zur Endstation Xanten ist die Bahnverbindung nicht elektrifiziert und als Nebenbahn klassifiziert. Die NWB bedient planmäßig die Stationen Duisburg Hbf (Kilometer 0), Rheinhausen (km 7), Rumeln (km 10), Trompet (km 12), Moers (km 17), Rheinberg (Rheinl) (km 28), Millingen (b. Rheinb) (km 31), Alpen (km 34) und Xanten (km 45), wobei planmäßig in Moers und Millingen (nur in der Hauptverkehrszeit) gekreuzt wird. Die Strecke wird täglich im Stundentakt bedient, wobei werktags während der Hauptverkehrszeit zusätzliche Züge verkehren. Aktuell gilt das folgende Fahrplankonzept:

Duisburg – Moers

montags bis freitags	5 bis 8 Uhr	30-Minuten-Takt
	8 bis 16 Uhr	60-Minuten-Takt
	16 bis 20 Uhr	30-Minuten-Takt
	20 bis 23 Uhr	60-Minuten-Takt
samstags	6 bis 0 Uhr	60-Minuten-Takt
	zusätzliche Fahrten Stunden 9 und 16	
sonn- und feiertags	8 bis 0 Uhr	60-Minuten-Takt

Moers – Xanten

montags bis freitags	6 bis 23 Uhr	60-Minuten-Takt
	zusätzliche Fahrten Stunden 17 und 18	
samstags	6 bis 23 Uhr	60-Minuten-Takt
sonn- und feiertags	8 bis 23 Uhr	60-Minuten-Takt

Das rasante Wachstum der NordWestBahn drückt sich sehr gut in den folgenden Zahlen aus: Wurden 2001 mit gut 30 Triebwagen 3,3 Millionen Zugkilometer erbracht und

Leistungsentwicklung der NordWestBahn

Jahr	2000	2001	2003	2005	2010*
Zugkilometer	481.332	3,3 Mio.	3,9 Mio.	7,8 Mio.	ca. 12,4 Mio.
Fahrgäste	2,66 Mio.	4,58 Mio.	>10 Mio.	11,1 Mio.	über 17 Mio.
Fahrzeuge	23	>30	>60	>60	ca. 100
Beschäftigte	85	150	>300	>300	ca. 500

* Stand: März 2010

4,58 Millionen Fahrgäste befördert, waren es 2005 mehr als 60 Zuggarnituren, 7,8 Millionen Zugkilometer und über 11 Millionen Reisende.

Und die Tendenz ist weiterhin positiv: Im Dezember 2006 kam das Emscher-Münsterland-Netz hinzu, wodurch sich die jährliche Leistung auf 9,3 Millionen Zugkilometer erhöht hat. Die Zahl der Triebwagen erhöhte sich auf über 70, die der Beschäftigten auf 320. Auch 2007 kamen neue Leistungen hinzu: 300.000 jährliche Kilometer auf der Farge-Vegesacker Eisenbahn in Bremen. Mit der Betriebsaufnahme auf dem Niers-Rhein-Emscher-Netz im Dezember 2009 wurde dann mit rund 12,4 Millionen Kilometern die 10 Millionen Zugkilometer-Grenze deutlich überschritten.

Die Fahrzeugflotte

Die Landesnahverkehrsgesellschaft Niedersachsen mbH (LNVG) beschaffte für die Verkehre im Weser-Ems-Netz bei ALSTOM zunächst 23 Triebwagen der Bauart LINT 41. »CORADIA« ist aus dem Griechischen abgeleitet und steht für »durch die Region« – hierbei handelt es sich um den Markennamen aller Regionaltriebzüge von ALSTOM. »LINT« ist die Abkürzung für »Leichter Innovativer Nahverkehrs-Triebwagen«. Die 120 km / h schnellen Dieselzüge gibt es sowohl als ein- (LINT 27) als auch als zweiteilige (LINT 41) Variante. Die im Weser-Ems-Netz eingesetzten LINT 41 verfügen über zwei unterflurig eingebaute Dieselmotoren mit einer Leistung von jeweils 315 kW, wobei die beiden Enddrehgestelle angetrieben werden. Die beiden Fahrzeughälften lagern in der Mitte des Fahrzeuges auf einem Jacobsdrehgestell. Wie der Talent, so weist auch der LINT einen sehr hohen Fahrgastkomfort auf. Niederflurigkeit (Einstiegshöhe: 580 mm) und eine mobile Einstiegsrampe erleichtern auch mobilitätseingeschränkten Fahrgästen das Zugfahren. Die zwei großzügigen Mehrzweckbereiche bieten Platz für Fahrräder, Kinderwagen und Rollstühle. Das angenehme Raumklima wird durch gute Schalldämmung und Klimatisierung unterstützt. Panoramafenster und weiter Durchblick erhöhen im Zug das Sicherheitsgefühl der Fahrgäste. Bequeme Sitze mit Armlehnen und durchgehende Gepäckablagen mit viel Stauraum sorgen für eine komfortable Reise. Jeder Zug verfügt über 129 Sitz- sowie 124 Stehplätze und ist mit Fahrkartenautomaten ausgerüstet. Am 15. Februar 2000 traf mit VT 503 der erste LINT-Triebwagen für die NWB in der Werkstatt Lengerich der Teutoburger-Wald Eisenbahn AG (TWE) ein. Es schlossen sich ausführliche Testfahrten

Auch die auf dem Ems-Senne-Weser Netz eingesetzten Dieseltriebwagen sind im Osnabrücker Betriebswerk der NordWestBahn beheimatet. Am 15. April 2007 sonnt sich dort VT 726.   Foto: Dr. Matthias Schmidt

zunächst auf der TWE-Strecke Ibbenbüren – Lengerich – Gütersloh, dann auch auf den Strecken der DB Netz AG an, so dass dann im November 2000 recht reibungslos der Planeinsatz beginnen konnte. In den Jahren 2003 und 2005 wurde der LINT-Bestand der NWB noch einmal um sechs bzw. fünf Fahrzeuge aufgestockt. Grund waren die stetige Zunahme der Fahrgäste auf allen Strecken sowie zusätzliche im Weser-Ems-Netz zu erbringende Verkehrsleistungen. Auch sollten auf diese Weise die seit 2001 von Connex der NordWestBahn zur Verfügung gestellten Desiro-Triebwagen abgelöst werden. Ab dem VT 524 wurden die LINT mit durchgängigen Gepäckablagen sowie stärker aufgepolsterten und mit Armlehnen versehenen Sitzen ausgeliefert, wobei die erste Fahrzeugserie hinsichtlich der Ablagen nachgerüstet wurde. Der Einsatz der LINT der LNVG erfolgt durch die NWB ausschließlich im Weser-Ems-Netz. Im Jahr 2009 hat die Landesnahverkehrsgesellschaft noch einmal weitere zehn neue, mit Rußpartikelfiltern ausgestattete Triebwagen vom Typ LINT 41 bei Alstom bestellt, welche in der zweiten Jahreshälfte 2010 ausgeliefert und ab dem Fahrplan 2011 unter anderem auch von der NordWestBahn eingesetzt werden sollen.

Aber seit Dezember 2009 setzt die NWB Dieseltriebwagen vom Typ LINT 41 auch planmäßig in Nordrhein-Westfalen ein: Für den Einsatz auf den Linien RE 10 und RB 31 im Niers-Rhein-Emscher-Netz beschaffte die Veolia Verkehr Regio GmbH nach Angaben des Herstellers Alstom Transport Deutschland 28 zweiteilige Triebwagen vom Typ LINT 41 H. Diese wurden von Oktober 2009 bis Januar 2010 ausgeliefert und werden während der Hauptverkehrszeiten teilweise in Dreifachtraktion eingesetzt. Bis Ende 2010 folgen weitere neun Triebzüge für den Einsatz auf den RegionalBahn-Linien 36 und 44. Aus Wettbewerbsgründen wurde die exakte Anzahl der im April 2008 geordneten Fahrzeuge, welche die Betriebsnummern VT 551 ff. erhielten, von der NordWestBahn nicht bestätigt. Die hier eingesetzte H-Variante weist gegenüber den in Niedersachsen eingesetzten Zügen statt 580 mm eine Einstiegshöhe von 780 mm auf. Als Besonderheit verfügen die Züge im Hochflurbereich über durchgehende Glas-Gepäckablagen. Die 2x335 kW starken Züge verfügen jeweils über 136 Sitz- (davon 22 Klappsitze) und 104 Stehplätze (bei besetzten Klappsitzen, sonst 120 Plätze) und über eine Videoüberwachung.

Die deutlich über den ursprünglichen Erwartungen liegenden Fahrgaststeigerungen auf den Strecken des Weser-Ems-Netzes und hieraus resultierende Engpässe insbesondere an Spitzentagen und zu Spitzenzeiten, aber auch zusätzliche Zugleistungen nahm Connex bereits 2001 zum Anlass, sechs Dieseltriebwagen vom Typ »Desiro« von Angel Trains Europa (firmiert heute als Alpha Trains) für den Einsatz bei der NordWestBahn längerfristig anzumieten. Mit den beiden Triebwagen VT 560 und 561 wurden ab dem 25. Juni 2001 die beiden ersten Fahrzeuge diesen Typs eingesetzt, wobei später noch die VT 562 bis 565 folgten, welche sämtlich auf dem Weser-Ems-Netz eingesetzt wurden. Bei dem Desiro

handelt es sich um die Weiterentwicklung des Leichttriebwagens »RegioSprinter«, welcher sich nur bedingt für eine modulare Fahrzeugfamilie eignete. Der knapp 42 Meter lange Dieseltriebwagen besteht aus zwei Fahrzeugteilen, welche mittig auf einem Jakobsdrehgestell ruhen. Die Züge verfügen über insgesamt vier Doppeltüren, wobei die Einstiegshöhe 757 mm beträgt. Die bei der NWB eingesetzten Triebzüge verfügten über 123 Sitzplätze und ein geschlossenes WC-System. Mit zwei Motoren mit einer Leistung von jeweils 275 kW erreicht der Zug eine Höchstgeschwindigkeit von 120 km/h. Mit der Aufstockung der durch die NordWestBahn eingesetzten LINT 41-Flotte endete dort dann auch der Einsatz der Desiros, welche ausnahmslos zu anderen Connex-Bahnen umgesetzt wurden: Zur Ostmecklenburgischen Eisenbahn wechselte bereits 2004 der VT 561, im folgenden Jahr verließ VT 562 die NWB mit selben Ziel. Als schließlich 2005 mit VT 560, 563, 564 und 565 vier Triebwagen zur Connex Sachsen-Anhalt gewechselt hatten, endete bei der NordWestBahn die planmäßige Desiro-Ära.

Nachdem die NordWestBahn den Zuschlag für das nordrhein-westfälische Ems-Senne-Weser-Netz erhalten hatte, bestellte sie bei Bombardier sechs zweiteilige und zunächst 19 dreiteilige Dieseltriebwagen vom Typ »Talent«. Mit der Bezeichnung »Talbot-Leichtbau-Niederflur-Triebzug« – kurz »Talent« – bietet Bombardier Transportation einen zwei- bis vierteiligen alternativ Elektro- oder Dieseltriebwagen an, von welchem seit 1996 bereits mehrere hundert Exemplare ausgeliefert wurden, die sich bei vielen Bahngesellschaften im In- und Ausland im Einsatz befinden. Als erstes bestellte die DB Regio AG 1996 »Talent«-Nahverkehrstriebwagen, welche ab März 1998 als Baureihen 643 (dreiteilig, dieselmechanisch) und 644 (dreiteilig, dieselelektrisch) ausgeliefert wurden. Später beschaffte die Deutsche Bahn auch noch die zweiteilige, dieselmechanische Variante (Baureihe 643.2). Die Züge verfügen über niedrige Einstiege, Klimatisierung, WC sowie über Mehrzweckräume zur Aufnahme von Rollstühlen, Kinderwagen und Fahrrädern. In jedem Endwagen befindet sich ein 315 kW MTU-Motor, die Höchstgeschwindigkeit der Züge beträgt 140 km/h. Nachdem auch noch der »Haller Willem« an die Bahngesellschaft ging, wurde der Bestand 2004/2005 um weitere fünf dreiteilige Garnituren aufgestockt. Als auch das Emscher-Münsterland-Netz an die NWB vergeben worden war, kamen 2006/2007 noch einmal sieben »Talente« hinzu. Auf Wunsch der Aufgabenträger im Ems-Senne-Weser- und im Emscher-Münsterland-Netz hat die NWB zusätzlich eine umfangreiche und komfortable Ausstattung gewählt: besonders hochwertige Sitze mit Kopfstützen und Armlehnen, Tischchen an den Sitzgruppen, Video-Innenraumüberwachung sowie ein zweiter großräumiger Mehrzweckraum mit zusätzlichen Fahrradabstellplätzen. Die Fahrzeuge für das Ems-Senne-Weser-Netz sind zusätzlich mit einer Audio-Anlage mit sechs Kanälen und Kopfhöreranschlüssen, Fahrkartenautomat und Entwerter im Einstiegsbereich sowie mit einen Heißgetränkeautomat ausgerüstet worden. Die »Talent-Ära« begann bei der Nord-

WestBahn am 12. September 2003: An diesem Tag trafen VT 775 und 776 im Betriebswerk Osnabrück ein, wobei die Personalschulungsfahrten am 15. September 2003 anliefen. Dabei kamen sie auch im Weser-Ems-Netz im Planverkehr zum Einsatz: Sie wurden planmäßig in den Relationen Osnabrück – Wilhelmshaven und Osnabrück – Delmenhorst – Bremen eingesetzt. Seit dem 14. Dezember 2003 verkehren die Talent-Triebwagen im Ems-Senne-Weser-Netz einschließlich dem »Haller Willem«, seit Dezember 2006 erbringen sie auch den Gesamtverkehr im Emscher-Münsterland-Netz. Ab Dezember 2007 werden alle Nahverkehrszugleistungen auf der Farge-Vegesacker Eisenbahn ebenfalls von den Talent-Triebwagen gefahren.

An dieser Stelle entsprechen wir dem ausdrücklichen Wunsch der NordWestBahn GmbH, keine vollständige tabellarische Übersicht über den Triebfahrzeugbestand des Unternehmens zu veröffentlichen. Vielmehr beschränken wir uns auf eine von der Landesnahverkehrsgesellschaft Niedersachsen zur Verfügung gestellte Aufstellung der Dieseltriebwagen, welche sie aus ihrem Fahrzeugpool der NWB zur Verfügung gestellt hat.

Ursprünglich war geplant, für die im Weser-Ems-Netz eingesetzten LINT 41-Triebwagen in Oldenburg eine Werkstatt zu errichten. Diese Pläne ließen sich nach dem Scheitern der Verhandlungen mit der Deutschen Bahn nicht realisieren. In dieser Situation bot es sich an, auf dem Hafen-

Von der NordWestBahn aus dem Fahrzeugpool der LNVG angemietete Fahrzeuge (Quelle: LNVG)

Betriebsnummer	Achsfolge	Hersteller Baujahr/Fabriknummer	Leistung	Bemerkungen
VT 500	B'(2)B'	Alstom 2001/0001000557001	2x315 kW	Inbetriebnahme 08.09.2001 als Alstom-Vorführfahrzeug (als VT 707 bei der MecklenburgBahn GmbH eingestellt), 2005 an LNVG, seitdem von NWB angemietet
VT 501	B'(2)B'	Alstom 2000/19990001	2x315 kW	Inbetriebnahme 15.09.2000, angemietet von LNVG
VT 502	B'(2)B'	Alstom 2000/19990002	2x315 kW	Inbetriebnahme 15.09.2000, angemietet von LNVG
VT 503	B'(2)B'	Alstom 2000/19990003	2x315 kW	Inbetriebnahme 15.09.2000, angemietet von LNVG
VT 504	B'(2)B'	Alstom 2000/19990004	2x315 kW	Inbetriebnahme 15.09.2000, angemietet von LNVG
VT 505	B'(2)B'	Alstom 2000/19990005	2x315 kW	Inbetriebnahme 15.09.2000, angemietet von LNVG
VT 506	B'(2)B'	Alstom 2000/20000006	2x315 kW	Inbetriebnahme 15.09.2000, angemietet von LNVG
VT 507	B'(2)B'	Alstom 2000/20000007	2x315 kW	Inbetriebnahme 15.09.2000, angemietet von LNVG
VT 508	B'(2)B'	Alstom 2000/20000008	2x315 kW	Inbetriebnahme 15.09.2000, angemietet von LNVG
VT 509	B'(2)B'	Alstom 2000/20000009	2x315 kW	Inbetriebnahme 15.09.2000, angemietet von LNVG
VT 510	B'(2)B'	Alstom 2000/20000010	2x315 kW	Inbetriebnahme 15.09.2000, angemietet von LNVG
VT 511	B'(2)B'	Alstom 2000/20000011	2x315 kW	Inbetriebnahme 15.09.2000, angemietet von LNVG
VT 512	B'(2)B'	Alstom 2000/20000012	2x315 kW	Inbetriebnahme 18.08.2000, angemietet von LNVG
VT 513	B'(2)B'	Alstom 2000/20000013	2x315 kW	Inbetriebnahme 18.08.2000, angemietet von LNVG
VT 514	B'(2)B'	Alstom 2000/20000014	2x315 kW	Inbetriebnahme 18.08.2000, angemietet von LNVG
VT 515	B'(2)B'	Alstom 2000/20000015	2x315 kW	Inbetriebnahme 15.09.2000, angemietet von LNVG
VT 516	B'(2)B'	Alstom 2000/20000016	2x315 kW	Inbetriebnahme 15.09.2000, angemietet von LNVG
VT 517	B'(2)B'	Alstom 2000/20000017	2x315 kW	Inbetriebnahme 15.09.2000, angemietet von LNVG
VT 518	B'(2)B'	Alstom 2000/20000018	2x315 kW	Inbetriebnahme 15.09.2000, angemietet von LNVG
VT 519	B'(2)B'	Alstom 2000/20000019	2x315 kW	Inbetriebnahme 15.09.2000, angemietet von LNVG
VT 520	B'(2)B'	Alstom 2000/20000020	2x315 kW	Inbetriebnahme 15.09.2000, angemietet von LNVG
VT 521	B'(2)B'	Alstom 2000/20000021	2x315 kW	Inbetriebnahme 15.09.2000, angemietet von LNVG
VT 522	B'(2)B'	Alstom 2000/20000022	2x315 kW	Inbetriebnahme 20.10.2000, angemietet von LNVG
VT 523	B'(2)B'	Alstom 2000/20000023	2x315 kW	Inbetriebnahme 27.10.2000, angemietet von LNVG
VT 524	B'(2)B'	Alstom 2002/0001000880001	2x315 kW	Inbetriebnahme 20.01.2003, angemietet von LNVG
VT 525	B'(2)B'	Alstom 2002/0001000880002	2x315 kW	Inbetriebnahme 09.01.2003, angemietet von LNVG
VT 526	B'(2)B'	Alstom 2002/0001000880003	2x315 kW	Inbetriebnahme 17.01.2003, angemietet von LNVG
VT 527	B'(2)B'	Alstom 2002/0001000880004	2x315 kW	Inbetriebnahme 24.01.2003, angemietet von LNVG
VT 528	B'(2)B'	Alstom 2002/0001000880005	2x315 kW	Inbetriebnahme 27.01.2003, angemietet von LNVG
VT 529	B'(2)B'	Alstom 2002/0001000880006	2x315 kW	Inbetriebnahme 29.01.2003, angemietet von LNVG
VT 530	B'(2)B'	Alstom 2005/001001414001	2x315 kW	angemietet von LNVG
VT 531	B'(2)B'	Alstom 2005/001001414002	2x315 kW	angemietet von LNVG
VT 532	B'(2)B'	Alstom 2005/001001414003	2x315 kW	angemietet von LNVG
VT 533	B'(2)B'	Alstom 2005/001001414004	2x315 kW	angemietet von LNVG

gelände des NWB-Gesellschafters Stadtwerke Osnabrück AG die zwingend erforderliche Anlage zu errichten. Nachdem am 26. Juni 2000 mit dem Bau begonnen worden war, konnte die Werkstatt schon am 3. September 2000 ihrer Bestimmung übergeben werden. Für die Wartung und Pflege der LINT-Triebwagen entstanden innerhalb kürzester Zeit eine dreigleisige Fahrzeughalle mit insgesamt zwei Arbeitsgruben (dieses Gebäude wurde 2006 um eine zweigleisige Halle für die Wartung und Instandsetzung für Radsätze erweitert), eine eingleisige Wartungs- und Pflegehalle mit Waschanlage sowie eine Tankstelle mit zwei Zapfsäulen. Nachdem mit dem Zuschlag für das »Ems-Senne-Weser-Netz« und für den »Haller Willem« Triebwagen vom Typ Talent hinzukamen, wurde im Jahr 2003 der benachbarte Lokschuppen der Hafenbahn vergrößert und modernisiert. Hier stehen nunmehr zwei 70 Meter lange Wartungsgleise mit Arbeitsgruben zur Verfügung, wo auch Drehgestelle und Antriebsanlagen getauscht werden können. Auch werden hier die Diesellokomotiven der Hafenbahn während ihrer Ruhepausen untergestellt. In einem Anbau dieser Halle befindet sich auch die Betriebsleitzentrale der NordWestBahn: Von hier aus wird der Bahnbetrieb von NWB und Osnabrücker Hafenbahn aus technischer Sicht überwacht, außerdem hat hier das Störungs- und Unfallmanagement seinen Sitz. Zudem befindet sich hier das Stellwerk für den Streckenabschnitt Osnabrück – Dissen-Bad Rothenfelde der Verkehrsgesellschaft Landkreis Osnabrück GmbH. Die Betriebsanlagen im Osnabrücker Hafen werden über ein Zuführungsgleis ab dem Bahnhof Osnabrück Altstadt erreicht.

Da das seit dem 10. Dezember 2006 von der NordWestBahn bediente »Emscher-Münsterland-Netz« über keine fahrplanmäßige Anbindung an die Osnabrücker Werkstatt verfügt, werden die dort eingesetzten Talent-Triebwagen im Werkstattstützpunkt Dorsten gereinigt, gewartet und auch repariert. Hierzu wurde im Dorstener Bahnhof eine zweigleisige Fahrzeughalle errichtet, welche im Frühjahr 2007 ihrer Bestimmung übergeben wurde. Bis zur Inbetriebnahme dieses Stützpunktes wurden die Triebwagen in der von der Veolia Verkehr Rheinland GmbH betriebenen Servicestation Mettmann Stadtwald betreut, welche sich wiederum im Eigentum der Regionalen Bahngesellschaft Kaarst-Neuss-Düsseldorf-Erkrath-Mettmann-Wuppertal mbH (Regiobahn) befindet. Allerdings standen bereits ab dem Betriebsstart im Dezember 2006 in Dorsten eine Abstell- sowie eine Tankanlage zur Verfügung. Mit der Betriebsaufnahme im Niers-Rhein-Emscher-Netz am 13. Dezember 2009 wurde dann aber Mettmann Stadtwald zum dauerhaften Standort der NordWestBahn, wo nun ein Teil der neuen Triebzüge Coradia LINT 41 gewartet werden. Dazu wurden eine Halle mit einer zusätzlichen Arbeitsgrube versehen, die Gleisanlagen verlängert sowie die Waschanlage angepasst. Die Investitionen tätigten die beiden Partner Regiobahn und NordWestBahn gemeinsam und sichern damit den Standort und seine Nutzung bis mindestens ins Jahr 2025. Zudem entstanden hier acht neue Arbeitsplätze.

Zukünftig Betreiber eines S-Bahn-Netzes

Bereits im Dezember 2010 werden das Liniennetz und die jährlichen Zugkilometerleistungen erheblich zunehmen: Es wird nicht nur auf zwei weiteren Strecken des nordrhein-westfälischen Niers-Rhein-Emscher-Netzes der Betrieb aufgenommen, sondern die NordWestBahn wird auf den ersten drei Linien des neuen Regio-S-Bahn-Netzes Bremen/Niedersachsen an den Start gehen. Dem vorausgegangen war ein wahrer Vergabekrimi. Am 7. März 2008 teilte die Landesnahverkehrsgesellschaft Niedersachsen mit, dass die NordWestBahn GmbH aus einem gemeinsam mit der Freien und Hansestadt Bremen durchgeführten Vergabeverfahren »Regio-S-Bahn-Netz Bremen/Niedersachsen« als Sieger hervorgegangen ist. Die Bahngesellschaft habe nicht nur preislich günstiger gelegen als die übrigen Bieter, sondern auch in den qualitativen Bereichen wie zum Beispiel Fahrzeugkonzept, Fahrgastrechte, Service und Sicherheit mehr Punkte als alle anderen Bieter erhalten. Das Regio-S-Bahn-Netz wird in zwei Stufen in Betrieb genommen: begonnen wird im Dezember 2010 auf den drei Linien RS 2 Bremerhaven-Lehe – Bremen Hbf – Twistringen, RS 3 Bremen Hbf – Oldenburg – Bad Zwischenahn und RS 4 Bremen Hbf – Nordenham. Im Dezember 2011 folgt dann die Linie RS 1 Bremen-Farge – Bremen Hbf – Verden. Auf dem 270 Kilometer langen Liniennetz werden pro Jahr 4,7 Millionen Zugkilometer erbracht, wobei der Verkehrsvertrag eine Laufzeit bis 2021 hat. Auf allen Linien ist ein stündlicher Basistakt vorgesehen, welcher auf einigen Streckenabschnitten auf einen Halbstunden-Takt verdichtet wird. Zwischen dem Bremer Hauptbahnhof und Bremen-Vegesack wird ab Dezember 2011 in der Hauptverkehrszeit ein 15-Minuten-Takt angeboten werden. Als Anlaufstellen für die Kunden der Bahn werden in Bremen Hbf und Bremerhaven neue sowie in Oldenburg das bereits bestehende Kundencenter zur Verfügung stehen.

Gegen die Vergabe an die NordWestBahn legte die Deutsche Bahn AG als einziger unterlegener Bieter bei der Vergabekammer Lüneburg Widerspruch ein: Wesentliches Argument der DB war, dass ihr die Einhaltung der so genannten »Tariftreue« nach dem Bremischen Vergabegesetz nicht zugemutet werden könne. Während die privaten Eisenbahnen wie auch die NWB die Einhaltung des branchenweiten Eisenbahner-Tarifvertrages (ETV) schriftlich zugesagt hatten, wollte die DB die Regio-S-Bahn nicht durch DB-Beschäftigte betreiben lassen, sondern durch nicht tarifgebundene Subunternehmen – sofern die Vergabekammer der DB-Argumentation folgen würde. Konkret benannte die Deutsche Bahn die Brandenburger »Heidekrautbahn« als potentiellen Subunternehmer, welche bisher noch keine Schienenverkehre betrieb und die an keinerlei tarifliche Vereinbarungen gebunden war. Man berief sich auf ein Urteil des Europäischen Gerichtshofes vom 3. April 2008 zum Niedersächsischen Landesvergabegesetzes – also nach Abschluss des Ausschreibungsverfahrens – in dem einem Bauunternehmen

Mit der Übernahme des Bremer S-Bahn-Verkehrs durch die NordWestBahn wird die DB 363 826 im Bremer Hauptbahnhof deutlich weniger zu tun haben. Am 14. September 2006 fotografierte sie hier Dr. Matthias Schmidt beim Zusammenstellen eines Nahverkehrszuges.

Auch im Fernverkehr sind die Reisezüge der Wettbewerber der Deutschen Bahn teilweise unterwegs. Am 15. April 2007 wartet VT 506 der NordWestBahn in der Osnabrücker Werkstatt des Unternehmens auf seinen Einsatz als Sonderfahrt, die ihn in die niedersächsische Landeshauptstadt Hannover führen wird.
Foto: Dr. Matthias Schmidt

Am 29. Januar 2003 lichtete Egbert von Steuber VT 515 der NordWestBahn und weitere LINT-Triebwagen vor der neuen Betriebswerk-Anlage der NWB im Osnabrücker Hafen ab.

Moderne Dieseltriebwagen vom Typ Talent setzen in Niedersachsen sowohl die Deutsche Bahn als auch ihre Wettbewerber ein. Am 24. Oktober 2006 verlässt VT 706 der NordWestBahn GmbH als NWB 81987 Paderborn Hbf mit dem Ziel Holzminden (Niedersachsen).   Foto: Dr. Matthias Schmidt

der Einsatz von polnischen Baukolonnen gestattet worden war. Vor diesem Hintergrund hob die Vergabekammer am 15. Mai 2008 die Vergabe auf, wobei aber festgestellt wurde, dass Ausschreibung und Auswertung der Angebote fehlerfrei erfolgt seien. Sowohl die Landesnahverkehrsgesellschaft als auch die Freie und Hansestadt Bremen legten daraufhin beim zuständigen Oberlandesgericht Celle sofortige Beschwerde gegen die Entscheidung der Kammer ein. Aber bereits am 25. Juli 2008 wurde dann bekannt gegeben, dass die DB Regio AG ihren Nachprüfungsantrag gegen die Vergabeentscheidung zurückgezogen hat, nachdem das Oberlandesgericht am 15. Juli 2008 in der mündlichen Verhandlung durchblicken ließ, dass es den Antrag für unbegründet halte. Das Gericht führte aus, dass nach seiner vorläufigen Rechtsauffassung das Vergabeverfahren korrekt durchgeführt worden sei und auch die Forderung nach einer Tariftreueerklärung mit geltendem Recht vereinbar ist. Das Urteil des Europäischen Gerichtshofes zum Niedersächsischen Landesvergabegesetz, wonach im Baubereich keine Tariftreueerklärung gefordert werden dürfe, sei nicht auf den Schienenpersonennahverkehr übertragbar. Der DB wurde deshalb nahegelegt, ihren Antrag zurückzunehmen. Somit war die Vergabeentscheidung zugunsten der NordWestBahn rechtens und rechtswirksam.

Die Vorbereitungen zur Betriebsaufnahme konnten anlaufen und am 2. Oktober 2008 teilte die Alstom Deutschland AG mit, dass Veolia Verkehr für die NWB 36 drei- bzw. fünfteilige Elektrotriebzüge vom Typ Coradia Continen-

tal im Wert von rund 150 Millionen Euro für den Einsatz auf der Regio-S-Bahn Bremen/Niedersachsen bestellt hat. Dieser Fahrzeugtyp gehört zur Fahrzeugfamilie modularer, vollständig niederfluriger Nahverkehrs-Gliedertriebzüge von Alstom. Die seit 2008 produzierten Fahrzeuge werden als drei-, vier- und fünfteilige Versionen angeboten, welche je nach Variante über 240 bis 293 Sitzplätze verfügen. Die Züge erreichen eine Höchstgeschwindigkeit von 160 km/h und haben einen Niederfluranteil von 89 Prozent. Die Fußbodenhöhe variiert zwischen 600 (Eingangsbereich) und 730 mm (Fahrgastraum). Die Deutsche Bahn setzt die als Baureihe 440 eingereihten Triebwagen seit Anfang 2009 im »E-Netz Augsburg« ein, weitere Garnituren wurden für Nahverkehre in den Räumen Würzburg und Passau beschafft. Mit der BeNEX hat sich neben der NordWestBahn bereits eine zweite Privatbahn in Deutschland für den Fahrzeugtyp entschieden. Gewartet werden die neuen Züge in Kooperation mit der Verkehrsgesellschaft Bremerhaven AG in einem neuen Stützpunkt in Bremerhaven-Wulsdorf, welcher Mitte 2010 fertiggestellt sein wird und wo 60 neue Arbeitsplätze entstehen. Der Stützpunkt umfasst eine Wartungshalle mit angegliederten Werkstätten, Teilelagern und Sozialräumen sowie eine Wasch- und Reinigungsanlage für die Triebwagen. Der Verkehrsvertrag für das Regio-S-Bahn-Netz wurde am 3. Februar 2010 in Bremen unterzeichnet, verbunden mit der Eröffnung des neuen Kundencenters im Bremer Hauptbahnhof.

Im Dezember 2011 werden die Dieseltriebwagen der NordWestBahn auf der Farge-Vegesacker Eisenbahn Geschichte sein. Dann wird die Strecke in das Regio-S-Bahn Netz Bremen/Niedersachsen integriert und die NWB wird hier dann Elektrotriebwagen vom Typ Coradia Continental einsetzen.

Foto: NordWestBahn

Keolis Deutschland GmbH & Co. KG

Gesellschafter:	100 % Keolis SA
Unternehmenssitz:	Berlin
Betriebsaufnahme:	28.05.2000
... in Niedersachsen:	14.12.2003
Anzahl Linien:	10
Länge, Liniennetz:	860 km
Zugkilometer/Jahr:	11.208.000 km
Anzahl Zuggarnituren:	61
Stand: 31.12.2009	

Seit dem 14. Dezember 2003 ist die heutige Keolis Deutschland GmbH & Co. KG in Niedersachsen tätig. Zu diesem Zeitpunkt war das Unternehmen noch als Rhenus Keolis GmbH & Co. KG (bis 2001: eurobahn Verkehrsgesellschaft mbH & Co. KG) firmierend auf vier Bahnstrecken mit Reisezügen unterwegs: sie führte bereits seit dem 30. Mai 1999 im Auftrag des Zweckverbandes Schienenpersonennahverkehr Rheinland-Pfalz Süd auf der 18 Kilometer langen Bahnstrecke zwischen Alzey und Kichheimbolanden Reisezugverkehr durch. Dann folgten im Mai 2000 zwei Verbindungen in

Ostwestfalen. Am 25. November 2000 nahm die Freiberger Eisenbahngesellschaft mbH – eine Mehrheitsbeteiligung der eurobahn – zwischen Freiberg und Holzhau (31 km) in Sachsen den Zugverkehr auf. So war die eurobahn vor ihrem Betriebsstart in Niedersachsen bereits in drei Bundesländern erfolgreich im Schienenpersonennahverkehr tätig.

Der Zweckverband Verkehrsverbund Ostwestfalen-Lippe (VVOWL) erteilte der eurobahn Verkehrsgesellschaft mbH & Co. KG den Zuschlag für den Betrieb des Ostwestfalen-Lippe-Netzes, zunächst bis Fahrplanwechsel 2010, womit das Engagement des Unternehmens im Nordwesten Deutschlands begann. Gegründet wurde das Bahnunternehmen am 21. Oktober 1998 durch die RP Eisenbahn GmbH (40 %) und die französische VIA Générales de Transport et d'Industrie S.A. (VIA G.T.I., 60 %). Im August 1999 übernahm die Rhenus AG & Co. KG die Anteile der RP-Eisenbahn. Im folgenden Jahr fusionierten der eurobahn-Gesellschafter VIA G.T.I. und die Cariane S.A., ein Busbetrieb der französischen Staatsbahn SNCF zur Keolis S.A. Anteilseigner des neuen Unternehmens waren zunächst neben Vivendi und BNP Paribas die SNCF Participations. Diese Fusion hatte auch Konsequenzen für die eurobahn: Sie firmierte per

Am 28, Mai 2000 begann das Engagement der Eurobahn (heute Keolis) im Nordwesten Deutschlands auf dem Ostwestfalen-Lippe-Netz. Am 2. Januar 2007 legte VT 2.06 als Zug ERB 81415 auf der Fahrt von Rahden nach Lemgo in Bielefeld Hbf einen planmäßigen Halt ein. Foto: Dr. Matthias Schmidt

3. September 2001 in Rhenus Keolis GmbH & Co. KG um, wobei sich die Gesellschafteranteile auf Rhenus AG & Co. KG (51 %) und Keolis S.A. (49 %) verteilten. Die Eigentümerstruktur der Keolis S.A. veränderte sich bereits wieder 2004: der Londoner Investmentfonds 3i übernahm in diesem Jahr die Anteile von Vivendi und BNP Paribas und wurde bei einer Minderheitsbeteiligung der SNCF Mehrheitseigner. Und schon 2006 fand die nächste Änderung statt: Axa Private Equity und die Caisse de Dépots et Placement de Québec übernahmen die Anteile von 3i. Seit 2010 ist die französische Staatsbahn SNCF Mehrheitsgesellschafterin von Keolis: nachdem Keolis mit der EFFIA S.A., einem der bedeutendsten französischen Verkehrsdienstleister, über einen Aktientausch fusioniert war, erhöhte sich der Anteil der SNCF an Keolis von 45,4 auf 56,7 Prozent. Die Beteiligung der Finanzinvestoren reduzierte sich auf 40,8 Prozent und verteilt sich heute wie folgt: Caisse de dépôt et placement du Québec 20,4 %, Axa Private Equity 17,8 %, Pragma 2,6 %. Die Beteiligung des Managements reduzierte sich von 3,1 auf nunmehr 2,5 Prozent.

Seit dem 1. Dezember 2007 gehört die Rhenus Keolis GmbH & Co. KG der Vergangenheit an: das Joint Venture wurde zu diesem Stichtag im Rahmen einer Realteilung aufgespalten. Keolis hat zu diesem Zeitpunkt die Schienenpersonennahverkehrsaktivitäten in Nordrhein-Westfalen und Niedersachsen übernommen und firmiert seitdem als Keolis Deutschland GmbH & Co. KG, Komplementär ist die Keolis Deutschland Verwaltungsgesellschaft mbH. Die Rhenus AG & Co. KG übernahm die Unternehmensbeteiligungen Niederrheinische Verkehrsbetriebe AG (NIAG) und die Freiberger Eisenbahngesellschaft mbH, die Busaktivitäten in Nordrhein-Westfalen, Rheinland-Pfalz und Sachsen sowie den Reisezugverkehr zwischen Alzey und Kirchheimbolanden. Dieser Unternehmensteil wurde zunächst in die eurobahn Niedersachsen GmbH & Co. KG eingebracht, welche dann in einem nächsten Schritt in Rhenus Veniro GmbH & Co. KG umfirmierte.

Das Ostwestfalen-Lippe-Netz

Im Auftrag des Zweckverbandes Verkehrsverbund Ostwestfalen-Lippe nahm die eurobahn am 28. Mai 2000 störungsfrei im Ostwestfalen-Lippe-Netz (offiziell: »Dieselbinnennetz RB 71 / 73«) den Zugbetrieb auf, wobei auf den beiden RegionalBahn-Linien 71 »Ravensberger Bahn« Bielefeld –

Alleine 2001 bis 2005 haben sich die Fahrgastzahlen in der Relation Lemgo – Bielefeld – Rahden um fast 25 Prozent erhöht. Dr. Matthias Schmidt fotografierte am 6. August 2008 VT 2.03 bei der Ausfahrt aus dem Bielefelder Hauptbahnhof (ERB 81414 Lemgo – Rahden).

Rahden und 73 »Lipperländer« Bielefeld – Lemgo jährlich etwa 900.000 Zugkilometer gefahren werden. Zunächst wurden fünf Zuggarnituren planmäßig eingesetzt, ein Fahrzeug war in Reserve. Im Herbst 2000 stand ein siebter Triebwagen zur Verfügung. Nachdem ein weiterer zusätzlicher Triebwagen angemietet wurde, konnte nach dem Ende der Sommerferien 2006 eine Doppeltraktionsleistung in die Morgenspitze zeitlich verschoben werden. Dafür entfiel eine entsprechende Doppeltraktion am Mittag. Zum Fahrplanwechsel im Dezember 2007 konnte der Fahrzeugbedarf wieder um eine Zuggarnitur reduziert werden, was durch einen Leistungsaustausch zwischen Keolis und NordWestBahn GmbH ermöglicht wurde: Die NWB fährt seitdem ein morgendliches Verstärkerzugpaar zwischen Bielefeld und Lemgo-Lüttfeld. Im Gegenzug hat Keolis zwei Zugpaare zwischen Bielefeld und Halle (Westfalen) von der NWB übernommen. Die Entwicklung der Zugkilometerleistungen und der Fahrten in Mehrfachtraktion im Überblick:

Jahr	Zugkilometer pro Jahr	davon in Doppeltraktion
2000	523.000	19.000
2001	879.000	44.000
2002	889.000	69.000
2003	905.000	124.000
2004	911.000	123.000
2005	911.000	130.000
2006	911.000	126.000
2007	913.000	135.000
2008	932.000	131.000
2009	939.000	132.000

Die Linie RB 71 »Ravensberger Bahn« führt ausschließlich über Strecken der DB Netz AG. Die Züge beginnen bzw. enden in Rahden (Kreis Lübbecke) (Kilometer 0), weiter geht es über Espelkamp (km 7), Lübbecke (Westfalen) (km 14), Holzhausen-Heddinghausen (km 19), Neue Mühle (km 20, Bedarfshaltepunkt), Bieren-Rödinghausen (km 26), Bünde (km 33), Kirchlengern (km 38), Hiddenhausen-Schweicheln (km 42), Herford (km 47) und Brake (km 54) nach Bielefeld Hbf (km 61). Von Rahden bis nach Bünde geht es über eine eingleisige, nicht elektrifizierte Nebenbahn, von Bünde bis Kirchlengern dann weiter über eine zweigleisige, elektrifizierte Hauptbahn. Auf einem elektrifizierten Gleis fahren die Züge dann parallel zur viergleisigen, elektrifizierten Hauptbahn, die sie dann auf dem letzten Abschnitt zwischen Herford und Bielefeld selbst nutzen. Das Fahrplanschema sieht wie folgt aus:

werktags	6 bis 21 Uhr	60-Minuten-Takt
sonn- und feiertags	9 bis 20 Uhr	120-Minuten-Takt

Die zweite Linie des Netzes ist die RB 73 »Der Lipperländer«, welche mit Ausnahme des Abschnittes Lemgo – Lemgo-Lüttfeld nur Gleise der DB Netz AG befährt. Der Bahnhof Lemgo wurde zum 1. Januar 2001 zusammen mit der sich anschließenden Begabahn Lemgo – Barntrup (17,9 Kilometer) von den Verkehrsbetrieben Extertal – Extertalbahn GmbH (VBE) übernommen. Die damaligen Planungen, die RegionalBahn-Linie 73 über Lemgo hinaus bis nach Barntrup zu verlängern, scheiterte bisher wegen der angespannten Haushaltslage des Landes Nordrhein-Westfalen. Gleichwohl begannen am 18. Oktober 2005 mit dem offiziellen ersten Spatenstich die Arbeiten zur Reaktivierung eines kurzen, etwa einen Kilometer langen Streckenabschnittes. Am 28. Juli 2007 wurde nach Abschluss der Baumaßnahme die Reaktivierung des Streckenabschnittes von Lemgo bis nach Lemgo-Lüttfeld gefeiert, so dass jetzt die eurobahn-Züge über den Bahnhof Lemgo hinaus rund einen Kilometer weiter bis zum neuen Haltepunkt Lemgo-Lüttfeld verlängert werden konnten, der sich in der Nähe von Berufsschulzentrum, Fachhochschule Lippe, Schloß Brake, Lipperlandhalle und Braker Wohnbebauung befindet. Die VBE investierten in diese Maßnahme, welche u. a. die Anhebung von Bahnsteigen, die Sicherung von Bahnübergängen, aber auch die Realisierung einer Leitstelle umfasst, von welcher alle Signale und Weichen gestellt werden, etwa 3,9 Millionen Euro, wovon 2,3 Millionen Euro auf Fördermittel entfallen. Die RB 73 führt über eine eingleisige, nicht elektrifizierte Bahnstrecke: Von Bielefeld Hbf (km 0) geht es über Bielefeld Ost (km 2), Oldentrup (km 5), Ubbedissen (km 9), Oerlinghausen (km 11), Helpup (km 15), Ehlenbruch (km 17), Lage (Lippe) (km 22) und Hörstmar (Lippe) (km 27), dem bisherigen Endpunkt Lemgo (km 30) bis zum neuen Haltepunkt Lemgo-Lüttfeld. Planmäßige Zugkreuzungen finden in Oerlinghausen und Lage (Lippe) statt. Das Fahrplanschema der Nahverkehrslinie:

werktags	6 bis 20 Uhr	60-Minuten-Takt
	20 bis 22 Uhr	120-Minuten-Takt
sonn- und feiertags	9 bis 20 Uhr	120-Minuten-Takt
	20 bis 22 Uhr	120-Minuten-Takt

Zwischen Lage und Lemgo wird freitags, samstags und sonntags noch eine zusätzliche Fahrt um 23 Uhr angeboten.

Die Nahverkehrslinien 71 und 73 sind seit Sommerfahrplanwechsel 2001 miteinander verknüpft: So verkehren RegionalBahnen aus Rahden nach einem Fahrtrichtungswechsel im Bielefelder Hauptbahnhof zunächst unter Beibehaltung der jeweiligen Zugnummer weiter nach Lemgo und zurück. Seit dem 13. Dezember 2009 haben die beiden Linien unterschiedliche Zugnummern.

Das Nahverkehrsangebot der Eurobahn weist einen hohen Qualitätsstandard auf. So forderte der Verkehrsverbund Ostwestfalen-Lippe in seiner europaweiten Ausschreibung den Einsatz moderner, innovativer Dieseltriebwagen, das Niveau der 1. Klasse im ganzen Zug – aber zum Preis der 2. Klasse, Fahrkartenautomaten in den Zügen sowie reine Nichtraucherzüge. Die hohe Angebotsqualität der Eurobahn mündete am 14. Dezember 2003 darin, dass die Eurobahn deutschlandweit als erstes Bahnunternehmen nach der

Die Hitze stand am 6. August 2008 über dem Bielefelder Hauptbahnhof, als ihn ERB 81417 auf der Fahrt von Rahden nach Lemgo passierte.
Foto: Dr. Matthias Schmidt

neuen Norm DIN EN 13816 zertifiziert worden ist. Im Mittelpunkt der Zertifizierung steht die kundenorientierte Servicequalität, welche sich an Kriterien wie Pünktlichkeit, Sauberkeit, durchgeführter Kundenmonitor, kompetentem und freundlichem Personal und an umfassender Fahrgastinformation messen lässt. Das Angebot der Eurobahn stößt bei den Fahrgästen auf große Resonanz: Schon im September 2000 waren die Fahrgastzahlen zwischen Bielefeld und Rahden um 10, zwischen Bielefeld und Lemgo um 5 Prozent gestiegen. Die konkreten Fahrgastzahlen im Ostwestfalen-Lippe-Netz im Überblick:

2000	1.020.000 Fahrgäste (ab 28.05.2000)
2001	1.650.000
2002	1.848.000
2003	1.993.000
2004	2.318.000
2005	2.318.000
2006	2.318.000
2007	2.318.000
2008	2.690.000
2009	2.690.000

Mit der Veröffentlichung einer entsprechenden Ausschreibung im Amtsblatt der Europäischen Gemeinschaften am 26. August 2009 hat die Geschäftsstelle Bielefeld des Zweck-

verbandes Nahverkehr Westfalen-Lippe (NWL) die Neuvergabe des Netzes ab dem 12. Dezember 2010 eingeleitet. In einem unveränderten Netzzuschnitt wurden befristet bis zum 8. Dezember 2013 0,9 Millionen jährliche Zugkilometer im Wettbewerb ausgeschrieben. Ausgehend von den Kriterien Preis (90 %) und Qualität (10 %) erteilte am 11. Februar 2010 der Vergabeausschuss des Zweckverbandes Nahverkehr Westfalen-Lippe erneut Keolis für die beiden Regionalbahn-Linien den Zuschlag. Abgesehen von einer zusätzlichen Frühfahrt von Rahden nach Bielefeld bleibt das Fahrplanangebot unverändert. Die Zugbegleiterquote steigt von 50 auf 80 Prozent, Videoüberwachung wird in sämtlichen Fahrzeugen vorhanden sein, die Sitze werden mit Armlehnen und Ablagentischen versehen und es werden Informations-Videodisplays in den Zügen installiert. Zur Erhöhung der Fahrplansicherheit, wegen der morgendlichen Frühfahrt ab Rahden und einer zusätzlichen Doppeltraktion am Nachmittag wird die auf dem Netz eingesetzte Fahrzeugflotte um zwei Triebwagen auf nunmehr neun Zuggarnituren erhöht. Zum Dezember 2013 werden die beiden Bahnverbindungen in das ca. 5,3 Millionen Zugkilometer pro Jahr beinhaltende Dieselnetz Ostwestfalen-Lippe integriert werden (siehe Kapitel über die NordWestBahn), für welches voraussichtlich am 15. November 2010 das Wettbewerbsverfahren eingeleitet werden soll.

Kurzzeitiges Fernverkehrsangebot

Am 1. Dezember 2000 ergänzte die Eurobahn ihr Nahverkehrsangebot mit einer Fernverbindung von Bielefeld Hbf nach Köln Hbf: Freitags und sonntags verkehrte das Zugpaar DFR 80280 / 80281 Bielefeld Hbf (14.24 Uhr) – Köln Hbf (17.05 / 18.11 Uhr) – Bielefeld Hbf (20.32 Uhr) mit Zwischenstopps in Gütersloh, Dortmund Hbf, Düsseldorf-Flughafen sowie in Düsseldorf Hbf. Im recht günstigen Fahrpreis inbegriffen waren eine Sitzplatzgarantie aber auch ein Gratis-Getränk. Im Zug konnten neben weiteren Getränken auch Snacks käuflich erworben werden. Auf dieser ersten Tages-Fernzugverbindung eines privaten Eisenbahnverkehrsunternehmens wurden zunächst zwei Talent-Triebwagen in Doppeltraktion, später nur noch ein Solo-Fahrzeug eingesetzt. Diese Triebzüge wurden während des Verkehrens des Fernzuges nicht planmäßig im Nahverkehr benötigt – somit wurden Standzeiten genutzt. Nachdem die Nachfrage bei dieser Fernverbindung mit nur bis zu 30 Fahrgästen pro Zugfahrt weit unter den Erwartungen geblieben war, wurde das Angebot am 28. Januar 2001 wieder mangels Auslastung eingestellt.

Weser- und Lammetalbahn

Am 15. Mai 2002 haben Landesnahverkehrsgesellschaft Niedersachsen mbH (LNVG) und Zweckverband Verkehrsverbund Ostwestfalen-Lippe gemeinsam die Nahverkehrsleistungen auf Weser- und Lammetalbahn für den Zeitraum von Dezember 2003 bis Dezember 2011 europaweit ausgeschrieben. Die ausgeschriebene Leistung hatte ein Volumen von jährlich knapp 1,4 Millionen Zugkilometern, von welchen 1,12 Millionen Kilometer auf die rund 100 Kilometer lange Weserbahn Löhne – Hameln – Hildesheim und weitere 230.000 Kilometer auf die 19 Kilometer lange Lammetalbahn Hildesheim – Bodenburg entfielen. Auf die Bundesländer Niedersachsen bzw. Nordrhein-Westfalen entfielen 1,1 bzw. 0,3 Millionen jährliche Zugkilometer. An der Ausschreibung beteiligten sich sechs Bieter wobei DB Regio kein Angebot abgab. Ende Oktober 2002 erhielt dann eine Bietergemeinschaft bestehend aus Rhenus Keolis und den Verkehrsbetrieben Extertal – Extertalbahn GmbH den Zuschlag.

Bereits am 14. Dezember 2003 erteilte Joachim Werren, Staatssekretär im Niedersächsischen Ministerium für Wirtschaft, Arbeit und Verkehr, im Bahnhof Hameln symbolisch

Seit dem 14. Dezember 2003 ist Keolis auch auf zwei niedersächsischen Nahverkehrsverbindungen unterwegs. Am 23. Oktober 2005 setzt VT 4.01 in Rinteln seine Fahrt von Löhne nach Bodenburg als ERB 82923 fort.

Foto: Dr. Matthias Schmidt

dem ersten Zug von Rhenus Keolis den Abfahrtauftrag. Das Unternehmen nahm an diesen Tag auf ihren zwei bisher einzigen Linien in Niedersachsen den Betrieb auf. An diesem ersten offiziellen Betriebstag fand in den Bahnhöfen Groß Düngen, Hildesheim Hbf, Rinteln und Löhne ein »Rollendes Bahnhofsfest« statt, in Hameln wurde im Kaisersaal gefeiert. Mit einem Tagesticket zu einem sehr günstigen Sondertarif konnten auf den beiden Strecken »Schnupperfahrten« unternommen werden. Für den Verkehr stehen elf moderne Dieseltriebwagen vom Typ CORADIA LINT 41 zur Verfügung, wobei bei besonders stark frequentierten Verbindungen auch in Doppeltraktion gefahren wird. Jeder zweite Zug verkehrt mit Servicepersonal wobei Fahrscheine an den Automaten an Bord der Züge gelöst werden können. Die Entwicklung der jährlichen Zugkilometerleistungen sowie die recht positive Fahrgastentwicklung können der folgenden Übersicht entnommen werden:

Jahr	Zugkilometer	davon als Doppeltraktion	Fahrgastaufkommen
2003	66.000 km	7.000 km	1.183.000 (ab 01.01.2003)
2004	1.363.000 km	148.000 km	1.506.000 km
2005	1.400.000 km	148.000 km	1.506.000 km
2006	1.400.000 km	139.000 km	2.359.000 km
2007	1.365.000 km	130.000 km	2.359.000 km
2008	1.365.000 km	70.500 km	2.359.000 km
2009	1.355.000 km	70.500 km	2.359.000 km

Die RegionalBahn-Linie 77 »Weserbahn« führte zunächst von Hildesheim über Elze, Hameln und Rinteln bis nach Löhne, einige Züge verkehren seit dem 6. September 2004 über Löhne hinaus bis nach Bünde. Die Fahrt führt ausschließlich über Strecken der DB Netz AG, zunächst von Bünde bis Löhne über eine zweigleisige, elektrifizierte Hauptbahn. Danach geht es bis Elze über eine eingleisige, nicht elektrifizierte Strecke, wobei planmäßig in Vlotho gekreuzt wird. Von Elze nach Hildesheim geht es dann weiter über einen zweigleisigen, elektrifizierten Abschnitt. Die Fahrt beginnt entweder in Bünde (Kilometer 0) oder in Löhne (km 10) – wobei im Kilometer 5 in Kirchlengern ein Halt eingelegt wird – und führt über Bad Oeynhausen Süd (km 16), Vlotho (km 22), Rinteln (km 29), Hessisch Oldendorf (km 51), Hameln (km 63), Coppenbrügge (km 75), Voldagsen (km 79), Osterwald (km 83), Elze (km 92), Nordstemmen (km 98) und Emmerke (km 104) nach Hildesheim. Das Fahrplankonzept sah für die »Weserbahn« zunächst eine sehr

Auch wenn der Name »Weserbahn« etwas anderes suggeriert: Die Züge überqueren nicht nur die Weser, sondern auch die Leine. Am 16. April 2005 überquert VT 4.03 (ERB 82914 Bodenburg – Löhne) bei Norstemmen die Leine. Foto: Thomas Günzel

deutliche Steigerung der Zugzahl zwischen Löhne und Hameln gegenüber dem vorangegangenen Fahrplan vor, wobei montags bis Samstag Nachmittag zwischen Löhne und Hildesheim ein Stundentakt gefahren wurde. Danach wurde mindestens ein Zwei-Stunden-Takt angeboten, wobei zwischen Hameln und Hildesheim weiterhin im 60-Minuten-Takt gefahren wurde. Am 6. September 2004 verlängerte man die RegionalBahn-Linie über Löhne hinaus bis nach Bünde: seit diesem Tag verkehren einzelne Züge während der Hauptverkehrszeit über Löhne hinaus bis nach Bünde. Der Verkehrsverbund Ostwestfalen-Lippe hat für diese Fahrten jährlich zusätzliche 55.000 Zugkilometer bei Rhenus Keolis bestellt. Auf Grund der erstmals 2007 erfolgten Kürzungen der Regionalisierungsmittel des Bundes wurde das Zugangebot per 10. Dezember 2006 auf dem am wenigsten nachgefragten Streckenabschnitt der Verbindung – zwischen Löhne und Hameln – an Samstagen durchgängig auf einen Zwei-Stunden-Takt ausgedünnt, was einer Streichung von fünf Zugpaaren entspricht. Ein wichtiger Grund war der durch die Taktverschiebung um 30 Minuten am Samstagmorgen fehlende Anschluss in Löhne: Anschluss besteht dort jetzt an die RE 70 Bielefeld – Hannover (zweistündlich) und den Regionalexpress 78 Bielefeld – Minden, wobei letzterer als Verstärker nur montags bis freitags verkehrt. Gleichzeitig wurde allerdings ein deutlich attraktiveres Fahrplankonzept eingeführt, wodurch sich die Reisezeit auf voller Streckenlänge um etwa eine halbe Stunde reduziert hat. Seit diesem Zeitpunkt steigen Reisende Richtung Hannover nicht mehr in Hameln sondern in Elze um, dies ist auf Grund eines neuen Regionaltarifes nicht mit einem erhöhten Fahrpreis verbunden und führt auch nicht zu verlängerten Fahrtzeiten. Durch diese Umstellung ergeben sich auch in Löhne und Bielefeld stabilere Anschlüsse: Da der RegionalExpress 6 Düsseldorf – Minden chronisch verspätet ist, bestand der Anschluss oft nur in der Theorie. Auch gehören längere Aufenthaltszeiten in Hameln und Rinteln nunmehr der Vergangenheit an. Das aktuelle Fahrplankonzept stellt sich nunmehr wie folgt dar:

Abschnitt Bünde – Löhne

werktags außer samstags	6 bis 21 Uhr	10 Zugpaare
samstags, sonn- u. feiertags	kein Angebot	

Abschnitt Löhne – Hameln

werktags außer samstags	5 bis 22 Uhr	60-Minuten-Takt
samstags	6 bis 22 Uhr	120-Minuten-Takt
sonn- u. feiertags	8 bis 22 Uhr	120 Minuten-Takt

Abschnitt Hameln – Hildesheim

werktags außer samstags	5 bis 23 Uhr	60-Minuten-Takt
samstags	5 bis 22 Uhr	60-Minuten-Takt
sonn- u. feiertags	7 bis 23 Uhr	60-Minuten-Takt

Die »Lammetalbahn« (Kursbuchstrecke 322) führt von Hildesheim Hbf (km 0) über Hildesheim Ost (km 2), Groß

Düngen (km 10), Wesseln (km 12), Bad Salzdetfurth Solebad (km 15) und Bad Salzdetfurth (km 16) bis nach Bodenburg (km 19). Befahren werden dabei ausschließlich Gleise der DB Netz AG. Von Hildesheim bis Groß Düngen geht es zunächst über einen nicht elektrifizierten, zweigleisigen Abschnitt, die Reststrecke bis Bodenburg ist dann eingleisig. Vor der Betriebsaufnahme durch die eurobahn im Dezember 2003 investierte man in die Strecke zwischen Groß Düngen und Bodenburg unter anderem in Sicherung und Rationalisierung erheblich. Auch wurden alle Stationen modernisiert, Wesseln reaktiviert und der Haltepunkt Bad Salzdetfurth Solebad neu eingerichtet. Zudem errichtete man direkte Zug-Bus-Übergänge, aber auch Park+Ride- sowie Bike+Ride-Anlagen. Nach diesen Baumaßnahmen wurde ein erheblich ausgeweitetes Angebot eingeführt. Die Zahl der Zugverbindungen erhöhte sich um 80 Prozent. Zu dieser enormen Steigerung beigetragen hat auch die Wiedereinführung des Wochenendverkehrs. Das Zugangebot stellt sich auf der »Lammetalbahn« heute wie folgt dar:

werktags außer samstags	6 bis 23 Uhr	60-Minuten-Takt
samstags	6 bis 18 Uhr	60-Minuten-Takt
	18 bis 23 Uhr	120-Minuten-Takt
sonn- u. feiertags	7 bis 12 Uhr	120-Minuten-Takt
	12 bis 18 Uhr	60-Minuten-Takt
	18 bis 23 Uhr	120-Minuten-Takt

Zusätzlich verkehren werktags außer samstags morgens Verstärkerzüge, wodurch sich während dieser Zeit ein planmäßiger 40-Minuten-Takt ergibt. Der nachmittägliche 40-Minuten-Takt wurde zum Fahrplanwechsel im Dezember 2008 durch einen durchgehenden Stundentakt ersetzt.

Das Weser-Lammetal-Netz soll Ende 2010 neu vergeben werden. Die Ausschreibung sieht für einen zehnjährigen Zeitraum ab Dezember 2011 jährlich 1,35 Millionen Zugkilometer vor. Für die Beförderung von täglich etwa 1.300 Fahrgästen werden unverändert von der Landesnahverkehrsgesellschaft die benötigten LINT-Triebwagen aus dem Fahrzeugpool zur Verfügung gestellt.

Das »Hellweg-Netz«

Am 5. April 2006 haben die zuständigen Aufgabenträger für den Schienenpersonennahverkehr (SPNV) Zweckverband Ruhr-Lippe (ZRL), Zweckverband SPNV Münsterland (ZVM), Nahverkehrsverbund Paderborn / Höxter (nph), Zweckverband Verkehrsverbund Ostwestfalen-Lippe (VVOWL) und Verkehrsverbund Rhein-Ruhr (VRR) Rhenus Keolis den Zuschlag für das »Hellweg-Netz« erteilt – dem bislang größten in Nordrhein-Westfalen europaweit ausgeschriebenen Nahverkehrs-Paket. Auf dem gewonnenen Netz werden seit Dezember 2008 für zunächst zehn Jahre jährlich

Die langen Bahnsteige in Rinteln erinnern an die einstige Bedeutung der Weserbahn. Dr. Matthias Schmidt lichtet hier am 23. Oktober 2005 VT 4.01 (ERB 82923 Löhne – Bodenburg) ab.

Die Weserbahn verläuft über lange Strecken recht malerisch. Thomas Günzel fotografierte VT 4.10 am 5. April 2006 bei Elze vor dem typischen Weserbergland-Fachwerk (ERB 81222 Bodenburg – Bünde).

5,6 Millionen Zugkilometer gefahren. Es umfasst die folgenden vier Linien:

- RB 50 »Der Lüner« Dortmund – Lünen – Münster
- RB 59 »Hellweg-Bahn« Dortmund – Unna – Soest
- RB 69 »Ems-Börde-Bahn« Münster – Hamm – Bielefeld
- RB 89 »Westfalen-Bahn« Münster – Hamm – Soest – Paderborn – Warburg

Die von allen beteiligten Aufgabenträgern einvernehmlich getroffene Vergabeentscheidung berücksichtigte sowohl den Preis (90 Prozent) als auch die angebotene Qualität (10 Prozent), wobei die Bieter preislich sehr eng zusammen lagen. Das Interesse an der europaweiten Ausschreibung war sehr groß. Rhenus Keolis setzte sich dabei gegen fünf Wettbewerber durch. Dies waren die Bietergemeinschaft Hamburger Hochbahn / moBiel, Deutsche Bahn, NordWestBahn, Abellio und Prignitzer Eisenbahn. Für die Durchführung des Verkehrs auf dem Hellweg-Netz bestellte die Angel Trains Europa GmbH – welche heute als Alpha Trains firmiert – bei der Stadler Pankow GmbH 25 vierteilige elektrische Triebwagen vom Typ FLIRT »Flinker Leichter Innovativer Regional-Triebzug«, welche von Rhenus Keolis geleast wurden. Als am 25. Juni 2008 in Hamm der 73-seitige Verkehrsvertrag unterzeichnet wurde, standen bereits acht der 25 Triebzüge dem Betrieb zur Verfügung. So verwundert es nicht, dass beim offiziellen Betriebsstart im »Hellweg-Netz« am 14. Dezember 2008 alle Zuggarnituren einsatzbereit waren. Die Betriebsaufnahme verlief an diesem Tag nahezu reibungslos: Es gab lediglich einige kleine Verspätungen. Punkt 0.00 Uhr hatte Keolis den Betrieb fahrplanmäßig aufgenommen, Regionalbahn ERB 39944 hatte pünktlich den Bielefelder Hauptbahnhof verlassen und 45 Minuten später planmäßig den Zielbahnhof Hamm erreicht. Bis 11.00 Uhr hatten lediglich drei Züge leichte Verspätungen – bei zwei Fahrten verursacht durch »Dritte«. Am 15. Dezember 2008 – dem ersten Werktag von Keolis auf dem Hellweg-Netz – gab es kleine Anlaufschwierigkeiten, dann schloss sich bis zum 28. Dezember 2008 eine sehr stabile Betriebsphase mit ausgesprochen wenigen Ausfällen von Zügen oder zweiten Triebwagen (unter ein Prozent der gefahrenen Leistungen) und einer hohen Pünktlichkeit an. Das änderte sich dann aber am 29. Dezember 2008: Offenbar ausgelöst durch dauerhafte Minustemperaturen, die teilweise sehr stark waren, gab es an mehreren Triebwagen Türstörungen, die ein Weiterfahren zeitweise verhindert haben und in zwei Fällen

Am 14. Dezember 2008 begann bei Keolis der planmäßige Einsatz von Elektrotriebwagen. Bereits am 25. Juni 2008 wartete ET 5.04 im Bahnhof Hamm (Westf.) auf seinen Einsatz bei einer Präsentationsfahrt nach Neubeckum. Foto: Dr. Matthias Schmidt

zu einem so umfassenden Ausfall der Steuertechnik während eines Haltes geführt haben, dass erst die herbeigeeilten Werkstatt-Mitarbeiter das Fahrzeug wieder in Gang setzen konnten. Dadurch waren knapp zwei Dutzend Züge ausgefallen oder über 30 Minuten verspätet gefahren, viele Züge hatten Verspätungen über fünf Minuten. Auch am Folgetag waren noch Nachwirkungen dieser technischen Probleme zu spüren. Im Januar 2009 traten dann an den Elektrotriebwagen Probleme an den Stromrichtern auf, die noch im selben Monat im Rahmen einer »Rollkur« behoben werden konnten. Auch konnten die Probleme an den Trittstufen beseitigt werden. Trotz dieser anfänglichen technischen Probleme konnte Keolis am 24. März 2009 eine positive 100-Tages-Bilanz ziehen: Seit Betriebsaufnahme waren 90 Prozent der Züge pünktlich, wobei ein Zug bereits als unpünktlich gilt, wenn er eine Verspätung von mehr als 180 Sekunden hat. Im folgenden ein Blick auf die Linien des Hellweg-Netzes.

Die RegionalBahn-Linie »Der Lüner« (bis Dezember 2009 »Der Lünener«) verbindet die Hauptbahnhöfe in Münster und Dortmund und verkehrt von Münster (Westf.) Hbf (Kilometer 0) über Münster-Amelsbüren (km 8), Davensberg (km 15), Ascheberg (Westf.) (km 19), Capelle (Westf.) (km 24,3), Werne a. d. Lippe (km 31,8) bis nach Lünen Hbf (km 40,9) zunächst über eine eingleisige elektrifizierte Hauptbahn. Ab hier geht es dann zweigleisig über Preußen (km 43,9), Dortmund-Derne (km 46,9) und Dortmund-Kirchderne (km 49,9) weiter bis zum Zielbahnhof Dortmund Hbf (km 55). Gefahren wird auf der Linie täglich im Stundentakt:

werktags außer samstags	4 bis 23 Uhr	60-Minuten-Takt
samstags	5 bis 24 Uhr	60-Minuten-Takt
sonn- und feiertags	7 bis 24 Uhr	60-Minuten-Takt

Die Linie RB 59 »Hellweg-Bahn« fährt von Dortmund über Unna bis nach Soest über eine zweigleisige elektrifizierte Hauptbahn. Gestartet wird in Dortmund Hbf (Kilometer 0) und es geht über Dortmund Signal Iduna Park (km 5,2), Dortmund-Hörde (km 8,1), Dortmund-Aplerbeck (km 12,1), Dortmund-Sölde (km 14,7), Holzwickede / Dortmund Flughafen (km 17,1), Unna (km 24), Lünern (km 28,8), Hemmerde (km 32), Werl (km 39,7) und Westönnen (km 43) nach Soest (km 53,5). Auch auf der »Hellweg-Bahn« wird grundsätzlich täglich im Stundentakt gefahren, montags bis frei-

In Hamm werden die Keolis-Züge aus Münster Richtung Bielefeld und Paderborn geflügelt. Am 26. Juni 2008 warten in Hamm ET 5.20 und 5.14 aus Bielefeld bzw. Paderborn kommend auf ihre gemeinsame Weiterfahrt nach Münster Hbf (ERB 39900/39826)   Foto: Dr. Matthias Schmidt

tags zwischen 6 und 20 Uhr im 30-Minuten-Takt:

werktags außer samstags	5 bis 6 Uhr	60-Minuten-Takt
	6 bis 20 Uhr	30-Minuten-Takt
	20 bis 24 Uhr	60-Minuten-Takt
samstags	0 bis 2 Uhr	60-Minuten-Takt
	5 bis 24 Uhr	60-Minuten-Takt
sonn- und feiertags	0 bis 2 Uhr	60-Minuten-Takt
	7 bis 24 Uhr	60-Minuten-Takt

Die »Ems-Börde-Bahn« (RB 69) verkehrt täglich im Stundentakt in der Relation Münster – Hamm – Bielefeld, wobei an folgenden Stationen gehalten wird: Münster Hbf (Kilometer 0), Münster-Hiltrup (km 6,5), Rinkerode (km 13,6), Drensteinfurt (km 19,5), Mersch (Westf.) (km 23,6), Bockum-Hövel (km 31,1), Hamm (Westf.) (km 35,5), Heessen (km 39,6), Ahlen (Westf.) (km 46,8), Neubeckum (km 57,4), Oelde (km 65,7), Rheda-Wiedenbrück (km 76,1), Gütersloh Hbf (km 85), Isselhorst-Avenwedde (km 90,1), Brackwede (km 98,1), Bielefeld Hbf (km 102,4). Die befahrenen Strecken sind elektrifiziert und zweigleisig bzw. zwischen Hamm und Bielefeld viergleisig ausgebaut. Die Züge verkehren auf dieser Verbindung täglich im Stundentakt und sind zwischen Münster und Hamm vereinigt mit der RegionalBahn-Linie 89, wobei in Hamm Richtung Bielefeld (RB 69) bzw. Paderborn / Warburg (RB 89) geflügelt wird. Das Fahrplankonzept stellt sich aktuell wie folgt dar:

werktags außer samstags

Münster – Hamm	5 bis 24 Uhr	60-Minuten-Takt
Hamm – Bielefeld	4 bis 21 Uhr	60-Minuten-Takt
	sowie ein Zug zur Stunde 0	

samstags

Münster – Hamm	0 bis 1 Uhr	60-Minuten-Takt
	5 bis 24 Uhr	60-Minuten-Takt
Hamm – Bielefeld	1 Zugpaar in der Stunde 0	
	7 bis 21 Uhr	60-Minuten-Takt

sonn- und feiertags

Münster – Hamm	0 bis 1 Uhr	60-Minuten-Takt
	6 bis 24 Uhr	60-Minuten-Takt
Hamm – Bielefeld	1 Zug in der Stunde 0	
	8 bis 21 Uhr	60-Minuten-Takt

Auch die Linie RB 89 firmiert als »Ems-Börde-Bahn« und verkehrt von Münster (Kilometer 0) bis Hamm (km 35,5) teilweise vereinigt mit den Zügen der RegionalBahn 69, wo dann die zuvor beschriebene Flügelung stattfindet. Es folgen die Stationen Welver (km 49,5), Borgeln (km 55,1), Soest (km 60,7), Bad Sassendorf (km 65,1), Lippstadt (km 81,3), Dedinghausen (km 84,8), Ehringhausen (Kr. Lippstadt) (km 88,5), Geseke (km 93,2), Salzkotten (km 100), Scharmede (km 105,5), Paderborn Hbf (km 112,9) Altenbeken (km 130,3), Willebadessen (km 148,5) und Warburg (Westf.) (km 167,5). Gefahren wird über zweigleisige elektrifizierte Hauptbahnen, wobei folgendes Fahrplanschema aktuell gültig ist:

Münster – Paderborn

werktags außer samstags	5 bis 6 Uhr	60-Minuten-Takt
	6 bis 19 Uhr	30-Minuten-Takt
	19 bis 24 Uhr	60-Minuten-Takt
samstags	0 bis 1 Uhr	60-Minuten-Takt
	5 bis 24 Uhr	60-Minuten-Takt

Zwischen Hamm und Paderborn fahren die Züge zwischen 7 und 20 Uhr in einem annähernden 30-Minuten-Takt.

sonn- und feiertags	0 bis 1 Uhr	60-Minuten-Takt
	6 bis 24 Uhr	60-Minuten-Takt

Zwischen Hamm und Paderborn fahren die Züge zwischen 7 und 20 Uhr in einem annähernden 30-Minuten-Takt.

Paderborn – Warburg

werktags außer samstags	6 bis 20 Uhr	120-Minuten-Takt
samstags	6 bis 10 Uhr	120-Minuten-Takt
	10 bis 18 Uhr	60-Minuten-Takt
	18 bis 21 Uhr	120-Minuten-Takt
	Ein Zug in der Stunde 0.	
sonn- und feiertags	8 bis 12 Uhr	120-Minuten-Takt
	12 bis 18 Uhr	60-Minuten-Zakt
	18 bis 21 Uhr	120-Minuten-Takt
	Ein Zug in der Stunde 0	

Zum Konzept für das »Hellweg-Netz« gehört auch eine zentrale Anlaufstelle für die Kunden der Bahn: Hierfür wurde am Westausgang des Hammer Bahnhofes ein Kundencenter eingerichtet. Darüber hinaus hat Keolis in Hamm eine Niederlassung eröffnet.

Maas-Rhein-Lippe-Netz

Anfang April 2007 teilten Verkehrsverbund Rhein-Ruhr (VRR) und Zweckverband Ruhr-Lippe (ZRL) mit, dass sie beabsichtigen, die Rhenus Keolis GmbH & Co. KG für 16 Jahre ab Dezember 2009 mit dem Betrieb des Maas-Rhein-Lippe-Netzes zu beauftragen. Dieses umfasst die Linien RE 3 »Rhein-Emscher-Express« Düsseldorf – Oberhausen – Dortmund – Hamm und RE 13 »Maas-Wupper-Express« Venlo – Mönchengladbach – Düsseldorf – Hagen – Hamm. Das Wettbewerbsverfahren war im Dezember 2005 eingeleitet worden und beinhaltet eine jährliche Leistung von 3,3 Millionen jährlichen Zugkilometern. Grundlage für den Zuschlag war aus Sicht der Aufgabenträger ein überzeugender Mix von Preis und Qualität, wobei der Preis mit 90 % und die Qualität mit 10 % gewichtet wurden. Ein neues System schafft zusätzlichen Anreiz für das Unternehmen, sich um Komfort für die Fahrgäste zu bemühen: Beim Zugewinn von Fahrgästen werden Bonuszahlungen an das Verkehrsunternehmen fällig, bei Rückgängen werden die Zahlungen reduziert. Allerdings verzögerte sich der formale Abschluss des Vergabeverfahrens dadurch, dass ein Wettbewerber die Vergabekammer angerufen hatte. Nach deren

Entscheidung hatte Rhenus Keolis dann beim Oberlandesgericht Beschwerde eingelegt. Im Ergebnis erhielt dieses Unternehmen dann den Zuschlag. Ein entsprechender Verkehrsvertrag wurde am 19. August 2009 von den Vertragsparteien in Düsseldorf unterzeichnet.

Der Start von Keolis Deutschland auf dem »Maas-Rhein-Lippe-Netz« gestaltete sich am 13. Dezember 2009 sehr schwierig: Mangels Zulassung standen dem Unternehmen nur vier der 18 bestellten Elektrotriebwagen vom Typ FLIRT für den Einsatz auf den beiden RegionalExpress-Linien zur Verfügung. Dazu teilte das für die Zulassung zuständige Eisenbahn-Bundesamt am 10. Dezember 2009 mit: Mehrere Nachweise, die für die Zulassung der fünfteiligen Elektrotriebzüge notwendig sind, wurden der Behörde bisher nicht vorgelegt. Dazu Sprecher Ralph Fischer: »Das Eisenbahn-Bundesamt ist für die Verzögerungen in keiner Weise verantwortlich. Der Hersteller hat technische Probleme noch nicht lösen können. Mehrere Nachweise, die für die Zulassung dringend erforderlich sind, wurden bislang nicht eingereicht. Aus Sicherheitsgründen ist es dem EBA bisher nicht möglich, die neuen Fahrzeuge bis zum Fahrplanwechsel [...] zuzulassen.« Wie die Behörde weiter mitteilte, betrafen die Unterlagen sicherheitsrelevante Bauteile wie beispielsweise die Radsätze und die Bremsen. Auch seien notwendige Versuchsfahrten noch nicht abgeschlossen gewesen. Das EBA habe den Hersteller darüber hinaus bereits im März 2009 auf geänderte Anforderungen für einzelne Bauteile hingewiesen. Auch für diese Komponenten seien die Dokumente weiter unvollständig. Die Behörde sagte zu, nach vorliegen aller Unterlagen und nach deren Prüfung so schnell wie möglich die Fahrzeuge zuzulassen. Nachdem Keolis Deutschland am 9. Dezember 2009 vom Fahrzeughersteller über diese Situation informiert worden war, konnte noch rechtzeitig vor dem Fahrplanwechsel ein »Ersatzkonzept« veröffentlicht werden: Während auf der Linie RE 3 ab dem 13. Dezember 2009 alle planmäßigen Züge gefahren werden konnten (verbunden mit einem Umstieg in Dortmund), galt das für die RE 13 nur für den Abschnitt Mönchengladbach – Venlo. Zwischen Mönchengladbach und Hagen wurde im reduzierten Umfang gefahren, nur ein von Pendlern besonders stark frequentiertes Zugpaar verkehrte zwischen Hagen und Hamm. Seit dem 4. Januar 2010 wurde das planmäßige Zugangebot gefahren – allerdings unverändert mit gebrochenen Zugläufen, die Umstiege erforderlich machten. Ermöglicht wurde die kurzfristige Umsetzung des Notfahrplanes vor allem durch die unbürokratische Bereitstellung von Roll-

Der nächste Herbst-Regenschauer kommt bestimmt: Am 13. Oktober 2009 passte Dr. Matthias Schmidt ERB 39898/39934 (Warburg -/Bielefeld – Münster in Münster (Westf.) Güterbahnhof ab.

Während der harte Winter 2008/2009 den Elektrotriebwagen noch Probleme bereitete, lief der Verkehr im nicht weniger kalten Winter 2009/2010 weitgehend reibungslos. Am 15. Februar 2010 verlässt ERB 39827/39937 gerade Münster mit Ziel Paderborn bzw. Bielefeld.   Foto: Dr. Matthias Schmidt

material durch DB Regio, die Anmietung von drei Desiro Dieseltriebwagen ab dem 19. Dezember 2009 sowie an Wochenenden und Feiertagen durch den Einsatz von Keolis-Triebzügen aus dem Hellweg-Netz und Triebwagen der WestfalenBahn. Am 14. Januar 2010 teilte dann das Eisenbahn-Bundesamt mit, dass noch immer Unterlagen für die Zulassung der neuen Triebwagen fehlen und informierte darüber, dass die vom Hersteller Stadler Ende Dezember 2009 vorgelegten Gutachten belegen, dass die Fahrzeuge zu hohe elektromagnetische Strahlungen aussenden. Dadurch bestehe die Gefahr, dass elektronische Schalter, die in den Gleisen liegen, nicht korrekt funktionieren. Dies könne zu Fehlfunktionen an automatisch gesteuerten Bahnübergängen führen. Weiterhin wäre nicht auszuschließen, dass zwei Züge ungewollt in denselben Gleisabschnitt einfahren und dort zusammenstoßen. Auch sei bremstechnisch noch nicht abschließend geklärt, ob die Züge Steilstrecken sicher befahren können. Am 1. Februar 2010 trat dann ein noch einmal verbesserter Ersatzfahrplan in Kraft: die Züge der Linie RE 13 Hamm – Hagen – Düsseldorf – Mönchengladbach – Venlo verkehrten jetzt durchgehend zwischen Hamm und Mönchengladbach, der Umstieg in Hagen konnte entfallen. Zum Einsatz gelangten ab diesem Zeitpunkt fünf Elloks der

Baureihe 185, welche durch Keolis von CB Rail und Alpha Trains angemietet wurden, nebst Reisezugwagen. Hierbei handelte es sich um ältere Bundesbahn- und Reichsbahnwagentypen, die von Nord-Ostsee-Bahn, Abellio Rail NRW, Pressnitztalbahn, Centralbahn und Rheingoldzug-Betriebsgesellschaft kurzfristig zur Verfügung gestellt wurden. Zudem kamen sechs von Alpha Trains angemietete Desiro-Dieseltriebwagen von Siemens zum Einsatz. Zwischen Mönchengladbach und Venlo pendelte unverändert Rollmaterial der Deutschen Bahn. Auf der Linie RE 3 Hamm – Dortmund – Gelsenkirchen – Düsseldorf verkehrten zwischen Hamm und Dortmund unverändert Ersatzzüge der Deutschen Bahn, zwischen Dortmund und Düsseldorf Triebwagen von Keolis – teilweise mit verringerter Kapazität. Nachdem das Eisenbahn-Bundesamt dann am 19. Februar 2010 den neuen Triebwagen die Zulassung erteilt hatte, wurden von ihnen die ersten ab dem 27. Februar 2010 zwischen Dortmund und Düsseldorf (RE 3) sowie zwischen Hamm und Mönchengladbach (RE 13) planmäßig eingesetzt. Am 14. März 2010 endete dann der Einsatz des angemieteten Rollmaterials – mit Ausnahme des Abschnittes Mönchengladbach – Venlo, ab 1. April 2010 Kaldenkirchen (Grenze) – Venlo. Hier war DB Regio noch bis zum Vorliegen einer

Zulassung der neuen Triebzüge für das niederländische Netz im Auftrag von Keolis unterwegs. Für die ersten vier vierteiligen Garnituren lag die Zulassung am 22. Juli 2010 vor. Seit dem 25. Juli 2010 fährt Keolis nunmehr alle Züge auf der Linie, wobei zunächst noch – bis eine ausreichende Anzahl Triebwagen zugelassen wurde – in Mönchengladbach umgestiegen werden muss.

Die Züge der RegionalExpress-Linie 3 verkehren von Hamm (Westf.) (Kilometer 0) über Nordbögge (km 8,7), Kamen (km 15,2), Kamen-Methler (km 19), Dortmund-Kurl (km 21,3), Dortmund-Scharnhorst (km 25,3), Dortmund Hbf (km 31,2), Dortmund-Mengede (km 40,4), Castrop Rauxel Hbf (km 45,4), Herne (km 52,3), Wanne-Eickel Hbf (km 56,2), Gelsenkirchen Hbf (km 61,5), Essen-Zollverein Nord (km 65,6), Essen-Altenessen (km 68,6), Oberhausen Hbf (km 80), Duisburg Hbf (km 87,6), Düsseldorf Flughafen (km 103) nach Düsseldorf Hbf (km 111,2). Die befahrene Strecke ist eine elektrifizierte mehrgleisige Hauptbahn. Das Fahrplankonzept sieht wie folgt aus:

Hamm – Dortmund

werktags außer samstags	5 bis 18 Uhr	60-Minuten-Takt
samstags	8 bis 17 Uhr	60-Minuten-Takt
sonn- und feiertags	kein Zugangebot	

Dortmund – Düsseldorf

werktags außer samstags	3 bis 5 Uhr	120-Minuten-Takt
	5 bis 23 Uhr	60-Minuten-Takt
samstags, sonn- und	0 bis 3 Uhr	60-Minuten-Takt
feiertags	6 bis 24 Uhr	60-Minuten-Takt

Der »Maas-Wupper-Express« (RE 13) verbindet Hamm mit Venlo. Die Fahrt beginnt in Hamm (Westf.) (Kilometer 0) und führt über Bönen (km 9,7), Unna (km 18,4), Holzwickede/Dortmund-Flughafen (km 25,3), Schwerte (Ruhr) (km 34,4), Hagen Hbf (km 48,3), Ennepetal (Gevelsberg) (km 59,5), Schwelm (km 63), Wuppertal-Oberbarmen (km 69,1), Wuppertal-Barmen (km 71,1), Wuppertal Hbf (km 74,6), Wuppertal-Vohwinkel (km 80,9), Düsseldorf Hbf (km 101,6), Neuss Hbf (km 109), Mönchengladbach Hbf (km 126,1), Viersen (km 134,8), Dülken (km 139,8), Boisheim (km 144,6), Breyell (km 147,8), und Kaldenkirchen (km 152,4) bis ins niederländische Venlo. Mit Ausnahme des eingleisigen Abschnittes zwischen Dülken und Kaldenkirchen werden mindestens zweigleisige Hauptstrecken befahren, welche ausnahmslos elektrifiziert sind. Der Abschnitt zwischen Kaldenkirchen Grenze und Venlo liegt in niederländischem Staatsgebiet. Der vorgesehene Fahrplan auf der Linie RE 13:

Sämtliche Keolis-Elektrotriebwagen sind im neuen Betriebswerk in Hamm-Heessen beheimatet. Am 3. Juli 2009 fotografierte Dr. Britta Obszerninks die Kleinlok V 249 der Mittelweserbahn als kurzzeitigen Gast sowie ET 5.11.

Hamm – Düsseldorf

werktags außer samstags	6 bis 20 Uhr	60-Minuten-Takt
samstags	7 bis 20 Uhr	60-Minuten-Takt
sonn- und feiertags	8 bis 20 Uhr	60-Minuten-Takt

Düsseldorf – Venlo

werktags	5 bis 22 Uhr	60-Minuten-Takt
sonn- und feiertags	7 bis 22 Uhr	60-Minuten-Takt

Für die Reisenden auf dem Maas-Rhein-Lippe-Netz wurde zusätzlich zu dem Kundencenter in Hamm ein zweites am Vorplatz des Düsseldorfer Hauptbahnhofes eröffnet.

Fahrzeugbestand

Für den Betrieb auf dem Ostwestfalen-Lippe-Netz beschaffte Rhenus Keolis bei Bombardier zunächst sechs dreiteilige, dieselmechanische Triebwagen vom Typ »Talent«, wobei das Land Nordrhein-Westfalen einen Investitionskostenzuschuss gewährte. Im Herbst 2000 und im Sommer 2006 folgten ein siebter und zeitlich befristet ein achter Triebzug (letzterer angemietet von der Angel Trains Europa GmbH, VT 2.08), womit die Möglichkeit eröffnet wurde, werktags außer samstags während der Hauptverkehrszeiten zwei gekuppelte Triebzüge planmäßig einzusetzen. Die Fahrzeuge verfügen in

jedem Endwagen über einen MTU-Motor mit einer Leistung von jeweils 315 kW. Sie sind reine Nichtraucherzüge und in ihnen befinden sich jeweils 137 Sitz- und 150 Stehplätze ausschließlich in der 2. Klasse. Fahrkarten können am Automaten im Zug gelöst werden. Die Fahrzeuge haben niedrige Einstiege (590 mm), Klimatisierung, WC und Mehrzweckräume für die Aufnahme von Kinderwagen, Rollstühlen und Fahrrädern. Zur Betriebsaufnahme in Ostwestfalen-Lippe am 28. Mai 2000 standen alle vorgesehenen »Talent«-Triebwagen rechtzeitig zur Verfügung. Als erstes wurde am 20. März 2000 der VT 2.01 in Betrieb genommen, ab dem 2. Mai 2000 stand dann VT 2.06 für den Einsatz zur Verfügung. Vor dem Start wurden mit den neuen Dieseltriebwagen umfangreiche Personalschulungs- und Testfahrten auf dem zu diesem Zeitpunkt noch vollständig von den Vorwohle-Emmerthaler Verkehrsbetriebe GmbH betriebenen Streckenabschnitt zwischen Emmerthal und Bodenwerder durchgeführt. Kurzzeitig wurde vor der Betriebsaufnahme jeweils ein Triebwagen bei der Ostmecklenburgischen Eisenbahn GmbH und der Dortmund-Märkischen Eisenbahn GmbH eingesetzt. Am 28. August 2000 wurde VT 2.07 in Betrieb genommen. Im Sommer 2006 schließlich vergrößerte sich die Talent-Flotte mit der Anmietung des VT 2.08 von Angel Trains auf acht Garnituren. Nach dem zuvor beschriebenen Leistungsaustausch mit der NordWestBahn konnte der Bestand wieder auf sieben Triebzüge reduziert werden.

Für den Verschub der Elektrotriebwagen in den nicht elektrifizierten Bereichen des Betriebswerkes Hamm-Heessen ist die Köf 11093 zuständig.

Foto: Dr. Britta Obszerninks

Für den Betrieb von Weser- und Lammetalbahn beschaffte die Landesnahverkehrsgesellschaft Niedersachsen mbH (LNVG) beim niedersächsischen Bahntechnikhersteller ALSTOM LHB elf Triebwagen vom Typ CORADIA LINT 41. Eine Beschreibung dieses Fahrzeugtyps findet sich im Kapitel über die NordWestBahn. Die LNVG hat die Fahr-zeuge an Rhenus Keolis für den Einsatz auf den beiden Strecken vermietet, wobei die Dieseltriebwagen offiziell am 13. November 2003 in Betrieb genommen worden sind. Bis zum Betriebsstart am 14. Dezember 2003 wurden die LINT-Garnituren umfangreichen Test- und Probefahrten unterzogen, auch wurde die Schulung der Triebfahrzeugführer

Triebfahrzeugbestand Keolis

Betriebsnummer	Achsfolge	Hersteller Baujahr/Fabriknummer	Leistung	Bemerkungen
VT 2.01 a	B'(2)(2)B'	Bombardier 2000/191300	2x315 kW	Inbetriebnahme 20.03.2000
VM 2.01 b		Bombardier 2000/191301		
VT 2.01 c		Bombardier 2000/191302		
VT 2.02 a	B'(2)(2)B'	Bombardier 2000/191303	2x315 kW	Inbetriebnahme 31.03.2000
VM 2.02 b		Bombardier 2000/191304		
VT 2.02 c		Bombardier 2000/191305		
VT 2.03 a	B'(2)(2)B'	Bombardier 2000/191306	2x315 kW	Inbetriebnahme 03.04.2000
VM 2.03 b		Bombardier 2000/191307		
VT 2.03 c		Bombardier 2000/191308		
VT 2.04 a	B'(2)(2)B'	Bombardier 2000/191309	2x315 kW	Inbetriebnahme 11.04.2000
VM 2.04 b		Bombardier 2000/191310		
VT 2.04 c		Bombardier 2000/191311		
VT 2.05 a	B'(2)(2)B'	Bombardier 2000/191312	2x315 kW	Inbetriebnahme 26.04.2000
VM 2.05 b		Bombardier 2000/191313		
VT 2.05 c		Bombardier 2000/191314		
VT 2.06 a	B'(2)(2)B'	Bombardier 2000/191315	2x315 kW	Inbetriebnahme 02.05.2000
VM 2.06 b		Bombardier 2000/191316		
VT 2.06 c		Bombardier 2000/191317		
VT 2.07 a	B'(2)(2)B'	Bombardier 2000/191395	2x315 kW	Inbetriebnahme 28.08.2000
VM 2.07 b		Bombardier 2000/191396		
VT 2.07 c		Bombardier 2000/191397		
VT 4.01	B'(2)B'	Alstom 2003/0001 001 043 001	2x315 kW	Inbetriebnahme 13.11.2003, angemietet von LNVG
VT 4.02	B'(2)B'	Alstom 2003/0001 001 043 002	2x315 kW	Inbetriebnahme 13.11.2003, angemietet von LNVG
VT 4.03	B'(2)B'	Alstom 2003/0001 001 043 003	2x315 kW	Inbetriebnahme 13.11.2003, angemietet von LNVG
VT 4.04	B'(2)B'	Alstom 2003/0001 001 043 004	2x315 kW	Inbetriebnahme 13.11.2003, angemietet von LNVG
VT 4.05	B'(2)B'	Alstom 2003/0001 001 043 005	2x315 kW	Inbetriebnahme 13.11.2003, angemietet von LNVG
VT 4.06	B'(2)B'	Alstom 2003/0001 001 043 006	2x315 kW	Inbetriebnahme 13.11.2003, angemietet von LNVG
VT 4.07	B'(2)B'	Alstom 2003/0001 001 043 007	2x315 kW	Inbetriebnahme 13.11.2003, angemietet von LNVG
VT 4.08	B'(2)B'	Alstom 2003/0001 001 043 008	2x315 kW	Inbetriebnahme 13.11.2003, angemietet von LNVG
VT 4.09	B'(2)B'	Alstom 2003/0001 001 043 009	2x315 kW	Inbetriebnahme 13.11.2003, angemietet von LNVG
VT 4.10	B'(2)B'	Alstom 2003/0001 001 043 010	2x315 kW	Inbetriebnahme 13.11.2003, angemietet von LNVG
VT 4.11	B'(2)B'	Alstom 2003/0001 001 043 011	2x315 kW	Inbetriebnahme 13.11.2003, angemietet von LNVG
ET5.01 a/b	Bo'2'2'2'Bo	Stadler 2008/37995/37998	4x500 kW	geleast von Alpha Trains
EM5.01 a/b		Stadler 2008/37997/37996		
ET5.02 a/b	Bo'2'2'2'Bo	Stadler 2008/38000/38003	4x500 kW	geleast von Alpha Trains
EM5.02 a/b		Stadler 2008/38002/38001		
ET5.03 a/b	Bo'2'2'2'Bo	Stadler 2008/38005/38008	4x500 kW	geleast von Alpha Trains
EM5.03 a/b		Stadler 2008/38007/38006		
ET5.04 a/b	Bo'2'2'2'Bo	Stadler 2008/38010/38013	4x500 kW	geleast von Alpha Trains
EM5.04 a/b		Stadler 2008/38012/38011		
ET5.05 a/b	Bo'2'2'2'Bo	Stadler 2008/38015/38018	4x500 kW	geleast von Alpha Trains
EM5.05 a/b		Stadler 2008/38017/38016		
ET5.06 a/b	Bo'2'2'2'Bo	Stadler 2008/38020/38023	4x500 kW	geleast von Alpha Trains
EM5.06 a/b		Stadler 2008/38022/38021		

Triebfahrzeugbestand Keolis

Betriebsnummer	Achsfolge	Hersteller Baujahr/Fabriknummer	Leistung	Bemerkungen
ET5.07 a/b	Bo'2'2'2'Bo	Stadler 2008/38025/38028	4x500 kW	geleast von Alpha Trains
EM5.07 a/b		Stadler 2008/38027/38026		
ET5.08 a/b	Bo'2'2'2'Bo	Stadler 2008/38030/38033	4x500 kW	geleast von Alpha Trains
EM5.08 a/b		Stadler 2008/38032/38031		
ET5.09 a/b	Bo'2'2'2'Bo	Stadler 2008/38035/38038	4x500 kW	geleast von Alpha Trains
EM5.09 a/b		Stadler 2008/38037/38036		
ET5.10 a/b	Bo'2'2'2'Bo	Stadler 2008/38040/38043	4x500 kW	geleast von Alpha Trains
EM5.10 a/b		Stadler 2008/38042/38041		
ET5.11 a/b	Bo'2'2'2'Bo	Stadler 2008/38045/38048	4x500 kW	geleast von Alpha Trains
EM5.11 a/b		Stadler 2008/38047/38046		
ET5.12 a/b	Bo'2'2'2'Bo	Stadler 2008/38050/38053	4x500 kW	geleast von Alpha Trains
EM5.12 a/b		Stadler 2008/38052/38051		
ET5.13 a/b	Bo'2'2'2'Bo	Stadler 2008/38055/38058	4x500 kW	geleast von Alpha Trains
EM5.13 a/b		Stadler 2008/38057/38056		
ET5.14 a/b	Bo'2'2'2'Bo	Stadler 2008/38060/38063	4x500 kW	geleast von Alpha Trains
EM5.14 a/b		Stadler 2008/38062/38061		
ET5.15 a/b	Bo'2'2'2'Bo	Stadler 2008/38065/38068	4x500 kW	geleast von Alpha Trains
EM5.15 a/b		Stadler 2008/38067/38066		
ET5.16 a/b	Bo'2'2'2'Bo	Stadler 2008/38070/38073	4x500 kW	geleast von Alpha Trains
EM5.16 a/b		Stadler 2008/38072/38071		
ET5.17 a/b	Bo'2'2'2'Bo	Stadler 2008/38075/38078	4x500 kW	geleast von Alpha Trains
EM5.17 a/b		Stadler 2008/38077/38076		
ET5.18 a/b	Bo'2'2'2'Bo	Stadler 2008/38080/38083	4x500 kW	geleast von Alpha Trains
EM5.18 a/b		Stadler 2008/38082/38081		
ET5.19 a/b	Bo'2'2'2'Bo	Stadler 2008/38085/38088	4x500 kW	geleast von Alpha Trains
EM5.19 a/b		Stadler 2008/38087/38086		
ET5.20 a/b	Bo'2'2'2'Bo	Stadler 2008/38090/38093	4x500 kW	geleast von Alpha Trains
EM5.20 a/b		Stadler 2008/38092/38091		
ET5.21 a/b	Bo'2'2'2'Bo	Stadler 2008/38095/38098	4x500 kW	geleast von Alpha Trains
EM5.21 a/b		Stadler 2008/38097/38096		
ET5.22 a/b	Bo'2'2'2'Bo	Stadler 2008/38100/38103	4x500 kW	geleast von Alpha Trains
EM5.22 a/b		Stadler 2008/38102/38101		
ET5.23 a/b	Bo'2'2'2'Bo	Stadler 2008/38105/38108	4x500 kW	geleast von Alpha Trains
EM5.23 a/b		Stadler 2008/38107/38106		
ET5.24 a/b	Bo'2'2'2'Bo	Stadler 2008/38110/38113	4x500 kW	geleast von Alpha Trains
EM5.24 a/b		Stadler 2008/38112/38111		
ET5.25 a/b	Bo'2'2'2'Bo	Stadler 2008/38115/38118	4x500 kW	geleast von Alpha Trains
EM5.25 a/b		Stadler 2008/38117/38116		

durchgeführt. In den Taktpausen und an den Wochenenden waren die Fahrzeuge vor diesem Hintergrund schon vor Betriebsaufnahme in ihrem neuen »Revier« zwischen Löhne und Bodenburg anzutreffen.

Für die Durchführung des Verkehrs auf dem Hellweg-Netz bestellte die Angel Trains Europa GmbH (heute Alpha Trains) bei der Stadler Pankow GmbH 25 vierteilige elektrische Triebwagen vom Typ FLIRT »Flinker Leichter Innovativer Regional-Triebzug«, welche als ET5.01 bis ET5.25 von Keolis geleast wurden. Mit einem Auftragswert von mehr als 100 Millionen Euro handelte es sich um den bisher größten Einzelauftrag in der Geschichte des Fahrzeugherstel-

lers. Bei diesen ersten durch Keolis eingesetzten Elektrofahrzeugen handelt es sich um für den Regional- und S-Bahn-Verkehr konstruierte Niederflurtriebzüge, wobei die Grundvariante seinerzeit für die Schweizerischen Bundesbahnen entwickelt wurde und sich seit 2004 dort im Einsatz befindet. Die Triebzüge zeichnen sich durch geringes Gewicht, hohes Beschleunigungsvermögen und eine hohe Maximalgeschwindigkeit von 160 km/h aus. Die Leistung beträgt 2.000 kW. In den Zügen stehen durchschnittlich 219 Sitzplätze zur Verfügung, wobei die Anzahl je nach Bestellung um +/- 20 Plätze variieren kann. Die in Pankow gebauten Triebwagen wurden in Halle-Ammendorf in Betrieb genom-

Triebfahrzeugbestand Keolis

Betriebsnummer	Achsfolge	Hersteller Baujahr/Fabriknummer	Leistung	Bemerkungen
ET6.01 a/b	Bo'2'2'2'Bo	Stadler 2009/38521/38524	4x500 kW	geleast von Alpha Trains
EM6.01 a/b		Stadler 2009/38523/38522		
ET6.02 a/b	Bo'2'2'2'Bo	Stadler 2009/38526/38529	4x500 kW	geleast von Alpha Trains
EM6.02 a/b		Stadler 2009/38528/38527		
ET6.03 a/b	Bo'2'2'2'Bo	Stadler 2009/38531/38534	4x500 kW	geleast von Alpha Trains
EM6.03 a/b		Stadler 2009/38533/38532		
ET6.04 a/b	Bo'2'2'2'Bo	Stadler 2009/38536/38539	4x500 kW	geleast von Alpha Trains
EM6.04 a/b		Stadler 2009/38538/38537		
ET7.01 a/b	Bo'2'2'2'2'Bo	Stadler 2009/38437/38441	4x500 kW	geleast von Alpha Trains
EM7.01 a/b/c		Stadler 2009/38440/38439/38438		
ET7.02 a/b	Bo'2'2'2'2'Bo	Stadler 2009/38443/38447	4x500 kW	geleast von Alpha Trains
EM7.02 a/b/c		Stadler 2009/38446/38445/38444		
ET7.03 a/b	Bo'2'2'2'2'Bo	Stadler 2009/38449/38453	4x500 kW	geleast von Alpha Trains
EM7.03 a/b/c		Stadler 2009/38452/38451/38450		
ET7.04 a/b	Bo'2'2'2'2'Bo	Stadler 2009/38455/38459	4x500 kW	geleast von Alpha Trains
EM7.04 a/b/c		Stadler 2009/38458/38457/38456		
ET7.05 a/b	Bo'2'2'2'2'Bo	Stadler 2009/38461/38465	4x500 kW	geleast von Alpha Trains
EM7.05 a/b/c		Stadler 2009/38464/38463/38462		
ET7.06 a/b	Bo'2'2'2'2'Bo	Stadler 2009/38467/38471	4x500 kW	geleast von Alpha Trains
EM7.06 a/b/c		Stadler 2009/38470/38469/38468		
ET7.07 a/b	Bo'2'2'2'2'Bo	Stadler 2009/38473/38477	4x500 kW	geleast von Alpha Trains
EM7.07 a/b/c		Stadler 2009/38476/38475/38474		
ET7.08 a/b	Bo'2'2'2'2'Bo	Stadler 2009/38479/38483	4x500 kW	geleast von Alpha Trains
EM7.08 a/b/c		Stadler 2009/38482/38481/38480		
ET7.09 a/b	Bo'2'2'2'2'Bo	Stadler 2009/38485/38489	4x500 kW	geleast von Alpha Trains
EM7.09 a/b/c		Stadler 2009/38488/38487/38486		
ET7.10 a/b	Bo'2'2'2'2'Bo	Stadler 2009/38491/38495	4x500 Kw	geleast von Alpha Trains
EM7.10 a/b/c		Stadler 2009/38494/38493/38492		
ET7.11 a/b	Bo'2'2'2'2'Bo	Stadler 2009/38497/38501	4x500 kW	geleast von Alpha Trains
EM7.11 a/b/c		Stadler 2009/38500/38499/38498		
ET7.12 a/b	Bo'2'2'2'2'Bo	Stadler 2009/38509/38513	4x500 kW	geleast von Alpha Trains
EM7.12 a/b/c		Stadler 2009/38512/38511/38510		
ET7.13 a/b	Bo'2'2'2'2'Bo	Stadler 2009/38509/38513	4x500 kW	geleast von Alpha Trains
EM7.13 a/b/c		Stadler 2009/38512/38511/38510		
ET7.14 a/b	Bo'2'2'2'2'Bo	Stadler 2009/38515/38519	4x500 kW	geleast von Alpha Trains
EM7.14 a/b/c		Stadler 2009/38518/38517/38516		
Köf 11 093	B	O&K 1963/26331	177 kW	2009 ex Unirail

men, wo Stadler ein Hallengleis mit Arbeitsgrube und Waage sowie ein Abstellgleis im ehemaligen Werk von Waggonbau Ammendorf anmietete. Etwa 20 Arbeitskräfte, darunter Fahrzeugschlosser und Elektriker, führten hier bei Bedarf Arbeiten zur Inbetriebnahme der Züge durch. Zur Erprobung und Überprüfung der Triebwagen mit der Höchstgeschwindigkeit von 160 km/h fanden wochentags zwischen Halle-Ammendorf und Muldenstein Fahrten zur Inbetriebnahme statt. Von Juni bis November 2008 wurden die neuen Züge dann von der hessischen Cantus Verkehrsgesellschaft mbH auf den Linien R 5 Bad Hersfeld – Kassel und R 6 Bebra – Eisenach im Betriebsdienst erprobt. Als am

25. Juni 2008 in Hamm der Verkehrsvertrag unterzeichnet wurde, standen bereits acht der 25 Triebzüge dem Betrieb zur Verfügung. Am 14. Dezember 2008 waren dann alle Zuggarnituren einsatzbereit. Nachdem Keolis auch den Zuschlag für das Maas-Rhein-Lippe-Netz erhalten hatte, bestellte Angel Trains zum Leasing an Keolis weitere FLIRT-Triebwagen, konkret vier vierteilige (ET6.01 bis ET6.04) sowie 14 fünfteilige Garnituren (ET7.01 bis ET7.14) Bei Betriebsaufnahme im Dezember 2009 standen – wie bereits beschrieben – nur die kürzeren Züge für den Einsatz zur Verfügung. Für die weiteren, längeren Einheiten lag zu diesem Zeitpunkt noch keine Zulassung vor. Nachdem diese

dann am 19. Februar 2010 durch das Eisenbahn-Bundesamt erteilt worden war, stehen seit dem 15. März 2010 alle fünfteiligen Zuggarnituren für den Betrieb zur Verfügung.

Die in Nordrhein-Westfalen und Niedersachsen von Keolis eingesetzten Dieseltriebwagen sind sämtlich in einem eigenen Betriebswerk in Bielefeld-Sieker beheimatet. Allerdings standen diese Anlagen beim Start des Ostwestfalen-Lippe-Netzes wegen planungsrechtlicher Probleme und Altlasten noch nicht zur Verfügung, so dass eine Übergangslösung gefunden werden musste. Diese fand man im Bahnhof Preußisch Oldendorf an der Bahnstrecke Holzhausen-Heddinghausen – Bohmte – Schwegermoor der Verkehrsbetriebe Landkreis Osnabrück GmbH (VLO): Hier konnte Rhenus Keolis eine Fahrzeughalle der Museums-Eisenbahn Minden nutzen. Zuvor musste allerdings der seit Jahren nicht mehr befahrene und wegen schlechten Oberbauzustandes gesperrte Abschnitt Holzhausen-Heddinghausen – Preußisch Oldendorf wieder provisorisch befahrbar gemacht werden. Am 10. Mai 2001 konnte Rhenus Keolis dann aber auf dem Gelände der Gemeinnützigen Gesellschaft für Arbeits- und Berufsförderung (GAB) – vormals Rochdale-Kaserne – ihre Anlagen in Bielefeld-Sieker in Betrieb nehmen. Hier wurde eine zweigleisige Werkstatthalle mit Waschanlage und Tankstelle errichtet. In einem Anbau ist die Bielefelder Niederlassung von Rhenus Keolis untergebracht. Diese sehr auf die Wartung von Talent-Triebwagen zugeschnittene Werkstatt

wurde nach dem Zuschlag für Weser- und Lammetalbahn für die Unterhaltung der LINT 41-Triebwagen noch einmal deutlich erweitert. Der realisierte Hallenanbau wurde als »semimobile Werkstatt« konzipiert: Möglichst viele Bauteile und Ausrüstungsgegenstände sind demontierbar, auf eine Arbeitsgrube wurde verzichtet. Dieses Konzept trägt der Tatsache Rechnung, das Verkehrsverträge nur über einen befristeten Zeitraum vergeben werden.

Nach dem Zuschlag für das »Hellweg-Netz« war Präferenz von Keolis zunächst, für die neuen Elektrotriebwagen den bestehenden Werkstattstandort Bielefeld-Sieker erneut auszubauen. Nachdem es sich abzeichnete, dass das Eisenbahnverkehrsunternehmen auch für das »Maas-Rhein-Lippe-Netz« den Zuschlag erhalten würde, wurde eine Alternativplanung intensiv vorangetrieben, die einen Neubau in Hamm-Heessen (direkter Anschluss an die beiden von Keolis betriebenen E-Netze) beinhaltete. Diese Planungen wurden dann auch in die Tat umgesetzt: Am 19. Mai 2008 begannen die Bauarbeiten, 2009 wurde hier eine viergleisige Werkstatt nebst zusätzlichem Waschgleis fertiggestellt. In Hamm-Heessen können die Reinigung der Züge, Wartungsarbeiten aber auch kleinere Reparaturen an den Zügen durchgeführt werden. Da die Hallengleise nicht elektrifiziert sind, übernimmt hier die Kleinlokomotive Köf 11 093 den Verschub der Elektrotriebwagen.

Ihren zehnten Geburtstag feiert die Eurobahn im Jahr 2010. Einen entsprechenden Hinweis trägt Keolis-ET 5.02, den Dr. Matthias Schmidt am 6. August 2010 in Münster Hbf fotografierte (ERB 39864 Paderborn – Münster).

Hell und freundlich sind die Innenräume des LINT gestaltet. Die Werksaufnahme aus dem Jahre 2003 zeigt die Innendesign-Variante der LINT die für die Eurobahn (Keolis) gebaut wurden.

Foto: Alstom LHB

Am 14. Dezember 2008 wartet der ET 5.15 von Keolis (eurobahn) im Bahnhof Hamm (Westf.) auf Ausfahrt, im Hintergrund ist ein weiterer Triebwagen von Keolis zu sehen.

Foto: Dr. Matthias Schmidt

metronom Eisenbahngesellschaft mbH

Gesellschafter:	69,9 % NiedersachsenBahn GmbH & Co. KG
	25,1 % BeNEX GmbH
	5,0 % Bremer Straßenbahn AG
Unternehmenssitz:	Uelzen
Betriebsaufnahme:	14.12.2003
... in Niedersachsen:	14.12.2003
Anzahl Linien:	6
Länge, Liniennetz:	510 km
Zugkilometer/Jahr:	8.200.000 km
Anzahl Zuggarnituren:	34

Die Länder Bremen, Hamburg und Niedersachsen verständigten sich Ende der 1990er Jahre darauf, möglichst die Chancen von Regionalisierung und Wettbewerb im Schienenpersonennahverkehr dazu zu nutzen, die Kosten für die damals durch DB Regio gefahrenen RegionalExpress-Linien Bremen – Hamburg – Uelzen bei gleichzeitigem Einsatz längerer Züge und verbessertem Service zu senken. Die Osthannoversche Eisenbahnen AG (OHE) wurde deshalb von den drei Bundesländern gebeten, in Kooperation mit den Eisenbahnen und Verkehrsbetrieben Elbe-Weser GmbH (EVB), der Hamburger Hochbahn AG (HHA) und der Bremer Straßenbahn AG (BSAG) als ebenfalls öffentliches Verkehrsunternehmen aus der Region auf Grundlage des Fahrplanangebotes 2001 der Deutschen Bahn AG ein alternatives Angebot zu erarbeiten. Im September 2001 erteilten dann die Landesnahverkehrsgesellschaft Niedersachsen sowie die Freien und Hansestädte Bremen und Hamburg diesem Konsortium ohne Ausschreibung im Rahmen einer freihändigen Vergabe für den Zeitraum von Dezember 2003 bis Dezember 2010 den Zuschlag für den Betrieb des schnellen Nahverkehr auf den beiden Linien.

Vor dem Betriebsstart am 14. Dezember 2003 präsentierte die metronom Eisenbahngesellschaft die neuen Züge für den Regionalschnellverkehr im Dreieck Hamburg – Bremen/ – Uelzen: Am 3. Juli 2003 wurde MR 146-01 mit den neuen Doppelstockwagen in Lüneburg vorgestellt.

Foto: Bombardier Transportation

Aktionäre der Osthannoverschen Eisenbahnen AG waren zu diesem Zeitpunkt das Land Niedersachsen (40,245 %), die Bundesrepublik Deutschland (33,815 %), DB Regio AG (8,902 %) sowie die Gebietskörperschaften Landkreis Celle (6,837 %), Landkreis Gifhorn (3,224 %), Landkreis Soltau-Fallingbostel (2,16 %), Landkreis Harburg (2,156 %), Stadt Celle (1.187 %), Stadt Lüneburg (0,955 %), Stadt Wittingen (0,467 %) sowie Flecken Brome (0,05 %). Im Juli 2006 wurde unter Federführung des Landes Niedersachsen ein Verkaufsverfahren eingeleitet, an deren Ende am 1. April 2007 die Übernahme eines 85,119 Prozent großen Unternehmensanteils von Land, Bund und Deutscher Bahn durch die am 14. Dezember 2006 gegründete Arriva Bachstein GmbH stand. Gesellschafter dieses Unternehmens sind die Arriva Deutschland GmbH (86 %) sowie die Verkehrsbetriebe Bachstein GmbH (14 %). Die Arriva plc. als Eigentümerin der Arriva Deutschland GmbH wird von der DB UK Holding Limited übernommen und von der Börse genommen. Auflage der Europäischen Kommission bei dieser Übernahme durch eine 100-Prozent-Tochter der Deutschen Bahn ist der Verkauf der Arriva Deutschland als Gesamtpaket. Die OHE gründeten per 5. Februar 2002 gemeinsam mit den Eisenbahnen und Verkehrsbetrieben Elbe-Weser GmbH (EVB), Gesellschafter

sind das Land Niedersachsen (58 %), die Landkreise Rotenburg (Wümme) (14,171 %), Stade (10,681 %), Osterholz (6.156 %), Cuxhaven (5 %) und Harburg (3,568 %), die Samtgemeinde Zeven (0,777 %), die Gemeinde Worpswede (0,647 %) sowie die Städte Bremervörde (0,5 %) und Rotenburg (Wümme) (0,5 %), die NiedersachsenBahn GmbH mit Sitz in Celle, wobei die OHE 60 und die EVB 40 Prozent der Gesellschaftsanteile übernahmen. Diese Gesellschaft wurde mit Beschluss der Gesellschafterversammlung vom 21. Juli 2004 in NiedersachsenBahn GmbH & Co. KG (NB) umgewandelt, wobei die NiedersachsenBahn Verwaltungs GmbH (NBV) Komplementär ist. Die NiedersachsenBahn (NB) wiederum übernahm eine 69,9 Prozent-Mehrheitsbeteiligung an der am 11. Februar 2002 gegründeten MetroRail GmbH, welche ihren Sitz in Uelzen hatte. Weitere Gesellschafter der neuen Eisenbahngesellschaft waren die Hamburger Hochbahn AG (25,1 %) sowie die Bremer Straßenbahn AG (5 %). Kurz vor der Betriebsaufnahme firmierte MetroRail nach Gesellschafterbeschluss vom 9. September 2003 in metronom Eisenbahngesellschaft mbH mit unverändertem Sitz und gleicher Gesellschafterstruktur um. Die Gesellschaftsanteile der Hamburger Hochbahn an metronom werden heute von der BeNEX GmbH gehalten. Diese wurde am 10. Mai 2007 mit

Ziel erreicht: ME 146-09 hat mit dem Zug ME 81152 am 14. September 2006 aus Hamburg kommend den Zielbahnhof Bremen Hbf erreicht.

Foto: Dr. Matthias Schmidt

Sitz in Hamburg gegründet und umfasst alle Beteiligungen der Hamburger Hochbahn AG außerhalb Hamburgs – also auch die Beteiligung an metronom. Zunächst als 100-Prozent-Tochter gegründet, fiel am 15. August 2007 die Entscheidung, einen 49-Prozent-Anteil an die australische Investmentgesellschaft Babcock & Brown zu veräußern, welche in den nächsten Jahren etwa 100 Millionen Euro für die Unternehmensexpansion in die BeNEX GmbH einbringen wird. metronom verfügt über eine Konzession für den Güter- und Personenverkehr auf der Schiene und nahm am 14. Dezember 2003 den planmäßigen Verkehr auf.

Start auf Teilnetz südlich Hamburg

Am 13. September 2001 teilte das Niedersächsische Ministerium für Wirtschaft, Technologie und Verkehr mit, dass einem Bieterkonsortium von vier norddeutschen Bahngesellschaften unter Führung der Osthannoverschen Eisenbahnen AG – die für den Betrieb die metronom Eisenbahngesellschaft mbH gründeten – für die RegionalExpress-Linien Hamburg – Bremen und Hamburg – Uelzen der Zuschlag für deren Betrieb erteilt worden ist, wobei sie hier den

Betrieb so früh wie möglich im Jahr 2003 aufnehmen sollen. Der Auftrag mit einer Laufzeit bis zum 14. Dezember 2010 umfasst eine Jahresleistung von 2,6 Millionen Zugkilometern, wobei auf die 115 Kilometer lange RE-Linie Hamburg – Bremen 1.5 Millionen, auf die 81 Kilometer lange Verbindung Hamburg – Uelzen 1,1 Millionen Kilometer entfallen. Auf das Land Niedersachsen entfallen 1,9, auf Bremen und Hamburg insgesamt 0,7 Millionen jährliche Zugkilometer. Von der Landesnahverkehrsgesellschaft Niedersachsen werden metronom zehn Doppelstock-Züge inklusive E-Lok zur Verfügung gestellt, welche entweder aus sechs (687 Sitzplätze) oder acht Waggons (953 Sitzplätze) gebildet werden und auf den beiden Linien im Stundentakt verkehren. Zum neuen Service auf der Strecke gehören gegenüber dem bisherigen Angebot der Deutschen Bahn Verbesserungen im Fahrplan in der Hauptverkehrszeit, mehr Zugbegleiter, Platzreservierung für Zeitkarteninhaber, Bistroabteile und Mehrzweckräume, Rampen für Rollstuhlfahrer und Kinderwagen sowie ein größeres Sitzplatzangebot in den modernen Doppelstockzügen.

Noch vor der Betriebsaufnahme eröffnete metronom am 1. Dezember 2003 als zentrale Anlaufstelle für Nutzerinnen

Neu trifft alt: ME 146-06 legt mit den Zug 81413 am 23. März 2004 auf der Fahrt von Bremen nach Hamburg planmäßig in Buchholz (Nordheide) einen Zwischenstopp ein. Der Dieseltriebwagen der Baureihe 634 (rechts) stellt den Anschluss nach Soltau her. Foto: Martin Kursawe

und Nutzer der Züge in Uelzen ein Kundenzentrum. Am 14. Dezember 2003 nahm metronom dann den planmäßigen Zugbetrieb auf, nach vier Wochen wurde dann eine Vier-Wochen-Bilanz gezogen. Der Betriebsstart sei befriedigend verlaufen. Direkt zu Betriebsbeginn waren Türblockaden aber auch Lokausfälle zu bewältigen. Bereits ab dem zweiten Tag begleiteten deshalb Mitarbeiter des Herstellers die Züge. Überwiegend resultierten die Probleme aus der noch nicht abgeschlossenen Eingewöhnung der Zugpersonale auf die sensiblen Sicherheitssysteme. Die Türkontakte mussten auf die erhöhte Anforderung justiert werden und die Lokführer passten ihre Fahrweise auf die Sicherheitsbremsung der bei Nässe schliddernden Räder an. Ein Teil der Verspätungen resultierte aber auch aus Streckenüberlastungen vor allem zwischen Hamburg und Uelzen sowie aus der starken Frequentierung des Hamburger Hauptbahnhofes. Nach hundert Betriebstagen zog metronom dann am 23. März 2004 eine noch sehr viel positivere Bilanz: Die Zahl der täglichen Passagiere war von 21.000 auf nunmehr 25.000 Fahrgäste angestiegen. Die technischen Probleme gehörten mittlerweile der Vergangenheit an. Und mit einer Spitzengeschwindigkeit von 160 km / h können die Lokomotiven kleinere betriebliche Verzögerungen schnell aufholen. Trotz stark belasteter Strecken und Bahnhöfe konnte so unter dem Strich eine Pünkt-

lichkeit von 95 Prozent erreicht werden, wobei auch die gute Zusammenarbeit mit der Deutschen Bahn sehr gelobt wurde. Im ersten Betriebsjahr wurden mehr als zehn Millionen Fahrgäste befördert, was einer Steigerung um 30 Prozent entsprach. Wesentlich dazu beigetragen haben dürfte die sehr hohe Kundenzufriedenheit der Bahnbenutzer, welche unter anderem auch aus der unverändert hohen Zugpünktlichkeit von 95 Prozent resultierte: Eine im Sommer 2004 durchgeführte Kundenzufriedenheitsanalyse zeichnete metronom mit der Note 1,9 aus. Diese positive Entwicklung hielt weiter an: am 30. Juni 2006 wurde mitgeteilt, dass die Zahl der Passagiere sich auf den beiden RegionalExpress-Linien von Dezember 2003 bis Dezember 2005 um mittlerweile 50 Prozent erhöht hat. Im folgenden ein kurzer Blick auf die beiden bedienten RegionalExpress-Linien und das dort aktuelle Fahrplankonzept.

Die RegionalExpress-Züge zwischen Hamburg und Uelzen beginnen in der Regel in Hamburg Hbf (Kilometer 0) und fahren über Hamburg-Harburg (km 12,3), Winsen (Luhe) (km 31,2), Lüneburg (km 50,1), Bienenbüttel (km 63,1) und Bad Bevensen (km 72,5) nach Uelzen (km 85,3) und zurück. Vier Zugpaare verkehren ab / bis Hamburg-Altona und legen in Hamburg-Dammtor einen Zwischenstop ein. Befahren

Am 25. Oktober 2006 war die ME 146-13 Hauptdarstellerin bei einem Event im Betriebswerk Uelzen. Gemeinsam mit sieben weiteren Maschinen wird sie zwischen Uelzen und Göttingen von metronom im Regional Express-Verkehr eingesetzt. Foto: Dietmar Brämert

wird ausschließlich eine mindestens zweigleisige elektrifizierte Hauptbahn. Das Fahrplanschema dieser Linie:

werktags	5 bis 24 Uhr	60-Minuten-Takt
sonn- und feiertags	5 bis 11 Uhr	120-Minuten-Takt
	11 bis 24 Uhr	60-Minuten-Takt

Die Hamburg und Bremen verbindenden RegionalExpress-Züge beginnen – abgesehen von vier Zugpaaren, die in Hamburg-Altona beginnen bzw. enden und planmäßig auch in Hamburg-Dammtor halten – in Hamburg Hbf (Kilometer 0) und fahren über Hamburg-Harburg (km 12,3), Buchholz (Nordheide) (km 41,6), Tostedt (km 53,1), Lauenbrück (km 67,2), Scheeßel (km 72,9) und Rotenburg (Wümme) (km 82,3) nach Bremen Hbf (km 125,1) und zurück. Auf dieser mindestens zweigleisigen elektrifizierten Hauptbahn wird derzeit folgendes Angebot gefahren:

werktags	5 bis 24 Uhr	60-Minuten-Takt
sonn- und feiertags	6 bis 24 Uhr	60-Minuten-Takt

RegionalExpress-Verkehre Uelzen – Hannover – Göttingen

Am 30. Dezember 2004 erteilten die Landesnahverkehrsgesellschaft Niedersachsen mbH (LNVG) sowie die Region Hannover der metronom Eisenbahngesellschaft nach Abschluss eines Wettbewerbsverfahrens für den Zeitraum von Dezember 2005 bis Dezember 2013 den Zuschlag für schnelle Regionalverkehrsleistungen auf der Strecke Uelzen – Hannover – Göttingen. Das Auftragsvolumen beläuft sich auf 2,75 Millionen zusätzliche Zugkilometer. Hierzu stellt die LNVG dem Eisenbahnunternehmen acht aus jeweils fünf Doppelstockwagen bestehende Doppelstockgarnituren zur Verfügung, welche 160 km / h schnell sind, mit jeweils rund 550 Sitzplätzen gegenüber dem bisher hier durch die Deutsche Bahn eingesetzten Rollmaterial über eine erhöhte Kapazität verfügen sowie Bistro-Bereiche und Einrichtungen für behinderte Menschen bieten. Einen Tag vor der offiziellen Betriebsaufnahme am 10. Dezember 2005 um 23.34 Uhr nahm metronom mit dem ersten planmäßigen Zug von Hannover nach Göttingen den planmäßigen Betrieb auf. Am selben Tag gab es im Messebahnhof Laatzen eine große Auftaktveranstaltung, an welcher etwa 300 Gäste aus Wirtschaft, Verwaltung und Politik teilnahmen. Auch Vertreter der Fahrgastbeiräte waren anwesend. Nach den ersten 100 Tagen konnte das Bahnunternehmen eine positive Zwischenbilanz ziehen: In den stündlich von 6 Uhr bis Mitternacht auf der Nord-Süd-Strecke verkehrenden Zügen wurden täglich etwa 12.000 Reisende gezählt, was einer Fahrgaststeigerung um etwa 10 Prozent entsprach. Leider hatten die metronom-Züge aber nicht immer freie Bahn: Viele Engpässe auf stark belasteten Strecken(abschnitten) hatten teilweise die Pünkt-

Die ME 146-11 und ihre Schwerstern 146-12 bis 146-18 unterscheiden sich von den ME 146-01 bis 146-10 vor allem durch einen überarbeiteten Lokkasten.
Foto (25.10.2006 im Bw Uelzen): Dietmar Brämert

lichkeit negativ beeinflusst. Gleichwohl konnte sie von anfänglich 92 auf dann 95 Prozent gesteigert werden. Die Zahl der Fahrgäste nahm weiter zu: eine Fahrgastzählung im Juli 2006 hatte das Ergebnis, dass die Zahlen seit Betriebsaufnahme durch metronom bereits um nunmehr 20 Prozent gestiegen waren. Im Dezember 2006 wurde die Pünktlichkeit mit 92 bis 93 Prozent beziffert, womit metronom nicht ganz zufrieden war. Die Hauptursachen lagen unverändert in der anhaltend hohen Streckenauslastung sowie in den Bauarbeiten an vielen Streckenabschnitten begründet. Am 2. April 2007 eröffnete die metronom Eisenbahngesellschaft im Bahnhof Eschede nach Uelzen ihr zweites Kundencenter. Nachdem hier ein Reisebüro aufgegeben worden war, hatte sich das Bahnunternehmen dazu entschlossen, zur Aufrechterhaltung des Services der Fahrgäste hier ein zweites Center einzurichten.

Die RegionalExpress-Züge beginnen in Uelzen (Kilometer 0) und fahren über Suderburg (km 10,9), Unterlüß (km 23,2), Eschede (km 34,7), Celle (km 52,4), Großburgwedel (km 71,7), Isernhagen (km 76,1) und Langenhagen Mitte (km 83,7) nach Hannover Hbf (km 93,6). Von Hannover Hbf (Kilometer 0) aus fahren die Züge über Sarstedt (km 18,4), Nordstemmen (km 26,5), Elze (Han) (km 32,9), Banteln (km 39,0), Alfeld (Leine) (km 49,8), Freden (Leine) (km 58,7), Kreiensen (km 68,8), Einbeck Salzderhelden (km 76,8), Northeim (Han) (km 88,6) und Nörten-Hardenberg (km 97,8) nach Göttingen Hbf (km 108,1). Sechs Zugpaare verkehren über Uelzen hinaus bis / ab Hamburg Hbf. Auf der zweiglei-

sigen elektrifizierten Hauptbahn wird derzeit nach folgendem Fahrplanschema gefahren:

werktags	5 bis 24 Uhr	60-Minuten-Takt
sonn- und feiertags	6 bis 8 Uhr	120-Minuten-Takt
	8 bis 24 Uhr	60-Minuten-Takt

»Niederelbebahn« Hamburg – Cuxhaven

Auf der »Niederelbebahn« betreibt die metronom Eisenbahngesellschaft ihre erste Regionalbahn-Verbindung auf einer nicht durchgängig elektrifizierten Bahnverbindung: Am 31. Oktober 2006 erteilten Landesnahverkehrsgesellschaft Niedersachsen sowie Freie und Hansestadt Hamburg metronom den Zuschlag für den Betrieb des Regionalbahnverkehrs Hamburg – Stade – Cuxhaven (115 Kilometer) im Umfang von jährlich 1,39 Millionen Zugkilometern für den Zeitraum vom 9. Dezember 2007 bis zum 12. Dezember 2015. Beim der Vergabe vorausgegangenen Wettbewerbsverfahren hatte nur metronom ein Angebot abgegeben. Für den Betrieb stehen dem Betreiber sieben moderne Diesellokomotiven und 35 Doppelstockwagen zur Verfügung, welche zum niedersächsischen Fahrzeugpool gehören und von metronom angemietet werden. Die luftgefederten und klimatisierten in der Regel aus fünf Doppelstockwagen bestehenden Züge, die im Stundentakt zwischen Hamburg und Cuxhaven unterwegs sind, bieten gegenüber dem bisherigen Zugmaterial von DB Regio einen stark verbesserten Fahrkomfort. Mit Speisen und

Seit dem 9. Dezember 2007 setzt die metronom Eisenbahngesellschaft zwischen Hamburg und Cuxhaven mit Dieselloks bespannte Doppelstockgarnituren ein. Bereits am 31. August 2007 wurde 246 003 mit einer entsprechenden Zuggarnitur in Bremervörde präsentiert. Foto: Dietmar Brämert

Insgesamt elf Diesellokomotiven vom Typ TRAXX P160 DE hat die Landesnahverkehrsgesellschaft Niedersachsen bei Bombardier Transportation beschafft. Das Foto zeigt 246 002 bei einer Probefahrt des Fahrzeugherstellers. Foto: Bombardier Transportation

Getränken im Zug und kostenlosen Stammplatz-Reservierungen wurde auch der Service deutlich verbessert.

Nach Monaten intensivster Vorbereitungen wurde am 7. Dezember 2007 in den Hapag-Hallen am Steubenhöft in Cuxhaven die bevorstehende Betriebsaufnahme zwischen Hamburg und Cuxhaven mit viel Prominenz gefeiert. Gleichwohl verlief die Betriebsaufnahme nicht ohne Probleme, was sich in einer Medieninformation von metronom vom 19. November 2008 widerspiegelt: »Von einem reibungslosen Betrieb mit hoch zufriedenen Fahrgästen, so wie wir es von unseren anderen Strecken kennen, sind wir hier leider noch entfernt. Insbesondere im Bereich Pünktlichkeit gibt es Defizite«, konstatierte damals Hennig Weize, kaufmännischer Geschäftsführer des Bahnunternehmens. Viele Pendler lobten zwar Komfort und Sauberkeit der Züge sowie das freundliche, kompetente Zugpersonal. Dennoch fiel es vielen Fahrgästen schwer, nach knapp einem Jahr Betrieb Verständnis für betriebliche Störungen zu zeigen, die immer wieder Verspätungen im zweistelligen Minutenbereich verursachten. Vor allem Pendler waren verärgert über die noch unbefriedigende Zuverlässigkeit der fabrikneuen Diesel-

loks, das verspätete Abfahren am Startbahnhof, regelmäßige Störungen an Bahnübergängen und das ineffizient wirkende Nebeneinander von Regional-, Güter- und S-Bahn-Zügen auf der Strecke. Aufs erste Jahr betrachtet waren die metronom-Züge zwischen Hamburg und Cuxhaven zu 91 Prozent pünktlich, wobei etwa 60 Prozent aller Verspätungen auf betriebliche Störungen zurückzuführen waren, welche durch die sehr dichte Zugfolge im Großraum Hamburg, speziell auf der Strecke in Richtung Cuxhaven sowie durch die Mängel der Infrastruktur verursacht wurden. Zweithäufigste Verspätungsursache waren mit rund 20 Prozent höhere Gewalt und Sturmfolgen. Gut 15 Prozent aller Verspätungen gingen auf das Konto der neuen Diesel-Lokomotiven: Im Frühjahr 2008 waren die Maschinen von Generatorstörungen betroffen, wobei mit einer optimierten Software das Problem behoben werden konnte. Im folgenden Herbst funktionierte dann der Gleitschutz der Lokomotiven nicht so zuverlässig wie er sollte. Die Bremssicherheit war aber jederzeit gegeben, da die Bremsen einwandfrei griffen. Wie bei den Generatorstörungen, so sorgte auch beim Gleitschutz eine neue Softwareversion für Abhilfe.

Die zwischen Hamburg und Cuxhaven eingesetzten Züge werden bei den Eisenbahnen und Verkehrsbetrieben Elbe-Weser (EVB) unterhalten. Das Foto zeigt die modernen Anlagen in Bremervörde.
Foto: EVB

Die Nahverkehrsverbindung beginnt in Hamburg Hbf (Kilometer 0) und führt über Hamburg-Harburg (km 12,3), Buxtehude (km 33,1), Horneburg (km 41,9), Stade (km 54,1), Hammah (km 61,6), Himmelpforten (km 65,5), Hechthausen (km 71.3), Hemmoor (km 77,9), Wingst (km 86,1), Cadenberge (km 90) und Otterndorf (km 101.8) nach Cuxhaven (km 115,9). Von Hamburg Hbf bis Stade geht es über eine mindestens zweigleisige elektrifizierte Hauptbahn. Zwischen Stade und Cuxhaven ist die Hauptstrecke nicht elektrifiziert und abgesehen vom eingleisigen Abschnitt Himmelpforten – Hechthausen zweigleisig ausgebaut. Die Reisezüge verkehren nach folgendem Fahrplanschema:

werktags außer samstags	4.30 bis 8 Uhr	ca. 30-Minuten-Takt
	8 bis 20 Uhr	ca. 60-Minuten-Takt
	20 bis 22 Uhr	120-Minuten-Takt
samstags	5 bis 20 Uhr	ca. 60-Minuten-Takt
	20 bis 22 Uhr	120-Minuten-Takt
sonn- und feiertags	6 bis 10 Uhr	ca. 60-Minuten-Takt
	10 bis 18 Uhr	ca. 120-Minuten-Takt
	18 bis 20 Uhr	60-Minuten-Takt
	20 bis 22 Uhr	120-Minuten-Takt

metronom regional

Bereits am 29. Januar 2007 konnte metronom den nächsten Erfolg verbuchen: An diesem Tag erteilten die Landesnahverkehrsgesellschaft Niedersachsen mbH und die Freie und Hansestadt Hamburg der metronom Eisenbahngesellschaft den Zuschlag für die beiden RegionalBahn-Linien Hamburg – Lüneburg und Hamburg – Tostedt, welche nunmehr unter dem Namen »metronom regional« verkehren. Der Verkehrsvertrag hat eine Laufzeit vom 9. Dezember 2007 bis zum 11. Dezember 2010 und sieht Leistungen im Umfang von 1,2 Millionen Zugkilometern pro Jahr vor. Für diese Verkehre werden dem Betreiber neun E-Loks und 47 Doppelstockwagen aus dem Fahrzeugpool der Landesnahverkehrsgesellschaft Niedersachsen zur Verfügung gestellt. Dieser Vergabe war eine Ausschreibung vorausgegangen, an welcher sich allerdings nur metronom beteiligte. Die Betriebsaufnahme verlief auf diesem 93,5 Kilometer langen Streckennetz, welches sich im Verhältnis 80:20 auf Niedersachsen und Hamburg verteilt, reibungslos.

In der Relation Hamburg – Tostedt beginnen die metronom regional-Züge entweder in Hamburg Hbf (Kilometer 0) oder in Hamburg-Harburg (km 12,3) und fahren über Hittfeld (km 21,1), Klecken (km 26,5), Buchholz (Nordheide) (km 32,4) und Sprötze (km 37,1) bis nach Tostedt (km 43,9). Es gilt folgendes Fahrplanschema:

werktags außer samstags	4 bis 7 Uhr	ca. 30 Minuten-Takt
	7 bis 22 Uhr	60-Minuten-Takt
samstags	5 bis 22 Uhr	ca. 60-Minuten-Takt
sonn- und feiertags	7 bis 8 Uhr	60-Minuten-Takt
	8 bis 22 Uhr	120-Minuten-Takt

Auch der zwischen Hamburg und Lüneburg verkehrende metronom regional startet in Hamburg Hbf (Kilometer 0) oder Hamburg-Harburg (km 12.3), fährt dann aber über Meckelfeld (km 16,9), Maschen (km 20,1), Stelle (km 23,5), Ashausen (km 26,8), Winsen (Luhe) (km 31,2), Radbruch (km 38,1) und Bardowick (km 44,3) nach Lüneburg (km 50,1). Gefahren wird wie folgt:

werktags außer samstags	4 bis 14 Uhr	60-Minuten-Takt
	14 bis 19 Uhr	ca. 30-Minuten-Takt
	19 bis 23 Uhr	60-Minuten-Takt
samstags	5 bis 23 Uhr	60-Minuten-Takt
sonn- und feiertags	6 bis 23 Uhr	60-Minuten-Takt

Über diese Leistungen im Schienenpersonennahverkehr hinaus führt metronom seit 2004 jährlich mehrere eigenwirtschaftliche Sonderfahrten nach Berlin und zurück durch. Die Züge bedienen zunächst einige Stationen im metronom-Netz und fahren dann direkt und ohne Halt nach Berlin, wo mehrere Stadtbahnhöfe angefahren werden. Wurden die Fahrscheine zunächst in den Zügen verkauft, werden sie seit 2008 über das Internet vertrieben.

Die Fahrzeugflotte

Die metronom Eisenbahngesellschaft verfügt über keine eigenen Schienenfahrzeuge. Diese werden dem Unternehmen auf Mietbasis durch die Landesnahverkehrsgesellschaft Niedersachsen zur Verfügung gestellt. Seit 2003 setzt metronom TRAXX-Lokomotiven des Fahrzeugherstellers Bombardier ein. Hierbei handelt es sich um eine Fahrzeugtypenfamilie elektrischer und dieselelektrischer Triebfahrzeuge für den Einsatz im mittelschweren Güter- und Personenzugverkehr. Die Abkürzung TRAXX steht für »locomotives platform for Transnational Railways Applications with extreme flexibility«. Die ersten zehn Lokomotiven 146-01 bis 146-10 gehören zum Typ TRAXX P160 AC1, welcher in den Jahren 2003 bis

Ebenfalls seit dem 9. Dezember 2007 fährt metronom die Regionalbahnen zwischen Hamburg und Tostedt bzw. Lüneburg. Hier wird auch die 146 533 planmäßig eingesetzt.
Foto: Bombardier Transportation

Am 4. März 2010 wurde bereits der 200. Doppelstockwagen von Bombardier an die Landesnahverkehrsgesellschaft Niedersachsen übergeben. Einen der hochmodernen Waggons lichtete Dietmar Brämert am 25. Oktober 2006 im Betriebswerk Uelzen ab.

2005 ausgeliefert wurde und eine technische Variante der Güterzuglok-Baureihe 185 darstellt. Sie sind nur für den Einsatz unter 15 kV 16,7 Hz vorgesehen und werden bei DB Regio als Baureihe 146.1 eingesetzt. Die bis zu 160 km / h schnellen Lokomotiven mit der Achsfolge Bo' Bo' haben eine Leistung von 4.200 kW, sind wendezugfähig und werden vor den Doppelstockzügen in den Relationen Hamburg – Bremen / Uelzen eingesetzt. Für die Verkehre Hamburg – Hannover – Göttingen erhielt metronom 2005 aus dem LNVG-Fahrzeugpool acht Lokomotiven (146-11 bis 146-18) vom Typ TRAXX P160 AC2, welcher der DB-Baureihe 146.2 entspricht und die Änderungen der Güterzug-185.2 übernommen hat: Augenfälligste Änderung ist der überarbeitete Lokkasten, welcher den strengeren Sicherheitsnormen zur Crashfestigkeit entspricht. Auch wurde die Umrichteranlage geändert. Weitere neun Lokomotiven des selben Typs (146 531 bis 539) kamen 2007 für die Nahverkehre Hamburg – Tostedt / Lüneburg hinzu.

Auch werden von metronom seit 2007 Diesellokomotiven aus der TRAXX-Familie eingesetzt: Konkret hat die Landesnahverkehrsgesellschaft Niedersachsen im September 2006 bei Bombardier elf Maschinen vom Typ TRAXX P 160 DE

bestellt, welche ab Juli 2007 ausgeliefert und rechtzeitig im Dezember 2007 für die Betriebsaufnahme in der Relation Hamburg – Cuxhaven der metronom Eisenbahngesellschaft zur Verfügung standen. Drei der elf LNVG-Dieselloks (246 001, 010 und 011, Bombardier 2006 / 34301, 34345 und 34349) wurden an die Inbetriebnahmegesellschaft Transporttechnik mbH (IGT) vermietet und stehen bei längerfristigem Ausfall einer der derzeit sieben an metronom vermieteten Fahrzeuge als Ersatzlok zur Verfügung. Auch auf die LNVG-Fahrzeugpoollok 246 009 (Bombardier 2007 / 34341) kann metronom bei Bedarf zurückgreifen. Die TRAXX P 160 DE ist eine aus den elektrischen, modular aufgebauten E-Loks abgeleitete dieselelektrische Lokomotive der dritten TRAXX-Generation. Sie ist für den Personenverkehr vorgesehen und erreicht bis zu 160 km / h. Der Motor hat eine Nennleistung von 2.200 kW. Die Lok hat eine Anfahrzugkraft von 270 kN bei einem Gewicht von 82 Tonnen.

Sämtliche von metronom gefahrenen Nahverkehrsleistungen werden aus lokbespannten Doppelstock-Zuggarnituren gebildet, welche sich im Eigentum der LNVG befinden und an metronom vermietet wurden. Im Dezember 2001 bestellte

Von der LNVG Niedersachsen an die metronom Eisenbahngesellschaft vermietete Triebfahrzeuge

Betriebsnummer	Achsfolge	Hersteller Baujahr / Fabriknummer	Leistung	Bemerkungen
146-01	Bo'Bo'	Bombardier 2003 / 33946	5.600 kW	»Scheeßel«, Abnahme 01.07.2003
146-02	Bo'Bo'	Bombardier 2003 / 33953	5.600 kW	»Lüneburg«, Abnahme 23.07.2003
146-03	Bo'Bo'	Bombardier 2003 / 33954	5.600 kW	»Bienenbüttel«, Abnahme 30.07.2003
146-04	Bo'Bo'	Bombardier 2003 / 33955	5.600 kW	»Buchholz«, Abnahme 06.08.2003
146-05	Bo'Bo'	Bombardier 2003 / 33956	5.600 kW	»Rotenburg«, Abnahme 13.08.2003
146-06	Bo'Bo'	Bombardier 2003 / 33957	5.600 kW	»Winsen«, Abnahme 20.08.2003
146-07	Bo'Bo'	Bombardier 2003 / 33958	5.600 kW	»Lauenbrück«, Abnahme 18.08.2003
146-08	Bo'Bo'	Bombardier 2003 / 33959	5.600 kW	»Uelzen«, Abnahme10.07.2003
146-09	Bo'Bo'	Bombardier 2003 / 33960	5.600 kW	»Tostedt«, Abnahme 17.09.2003
146-10	Bo'Bo'	Bombardier 2003 / 33961	5.600 kW	»Bad Bevensen«, Abnahme 24.09.2003
146-11	Bo'Bo'	Bombardier 2005 / 34022	5.600 kW	»Einbeck«, Abnahme 24.08.2005
146-12	Bo'Bo'	Bombardier 2005 / 34026	5.600 kW	»Northeim«, Abnahme 24.08.2005
146-13	Bo'Bo'	Bombardier 2005 / 34032	5.600 kW	»Alfeld«, Abnahme 06.09.2005
146-14	Bo'Bo'	Bombardier 2005 / 34034	5.600 kW	»Sarstedt«, Abnahme 13.09.2005
146-15	Bo'Bo'	Bombardier 2005 / 34037	5.600 kW	»Elze«, Abnahme 20.09.2005
146-16	Bo'Bo'	Bombardier 2005 / 34039	5.600 kW	»Celle«, Abnahme 27.09.2005
146-17	Bo'Bo'	Bombardier 2005 / 34042	5.600 kW	»Langenhagen«, Abnahme 14.10.2005
146-18	Bo'Bo'	Bombardier 2005 / 34045	5.600 kW	»Großburgwedel«, Abnahme 20.10.2005
146 531	Bo'Bo'	Bombardier 2007 / 34091	5.600 kW	»Seevetal-Maschen«, Abnahme: 11.07.2007
146 532	Bo'Bo'	Bombardier 2007 / 34092	5.600 kW	»Seevetal-Meckelfeld«, Abnahme: 08.08.2007
146 533	Bo'Bo'	Bombardier 2007 / 34093	5.600 kW	»Bardowick«, Abnahme: 29.08.2007
146 534	Bo'Bo'	Bombardier 2007 / 34094	5.600 kW	»Seevetal-Hittfeld«, Abnahme: 05.09.2007
146 535	Bo'Bo'	Bombardier 2007 / 34095	5.600 kW	Abnahme: 05.09.2007
146 536	Bo'Bo'	Bombardier 2007 / 34096	5.600 kW	Abnahme: 05.09.2007
146 537	Bo'Bo'	Bombardier 2007 / 34097	5.600 kW	»Stelle«, Abnahme: 26.09.2007
146 538	Bo'Bo'	Bombardier 2007 / 34098	5.600 kW	»Rosengarten-Klecken« Abnahme: 10.10.2007
146 539	Bo'Bo'	Bombardier 2007 / 34099	5.600 kW	Abnahme: 24.10.2007
246 002	Bo'Bo'	Bombardier 2006 / 34307	2.200 kW	»Buxtehude«, Abnahme: 22.08.2007
246 003	Bo'Bo'	Bombardier 2006 / 34308	2.200 kW	»Cuxhaven«, Abnahme: 10.07.2007
246 004	Bo'Bo'	Bombardier 2007 / 34324	2.200 kW	»Stade«, Abnahme: 12.09.2007
246 005	Bo'Bo'	Bombardier 2007 / 34326	2.200 kW	»Horneburg«, Abnahme: 19.09.2007
246 006	Bo'Bo'	Bombardier 2007 / 34329	2.200 kW	»Otterndorf«, Abnahme: 18.10.2007
246 007	Bo'Bo'	Bombardier 2007 / 34333	2.200 kW	»Himmelpforten«, Abnahme: 18.10.2007
246 008	Bo'Bo'	Bombardier 2007 / 34337	2.200 kW	Abnahme: 28.11.2007

die Landesnahverkehrsgesellschaft im Rahmen eines Basisvertrages bei Bombardier 66 Doppelstockwagen, welche 2003 für den Einsatz auf dem metronom-Netz ausgeliefert wurden. Zugleich wurde ein auf zunächst 15 Jahre befristeter Instandhaltungsvertrag für die Waggons abgeschlossen. Weitere Bestellungen in den Jahren 2003 und 2005 über insgesamt 120 weitere Fahrzeuge folgten. Im Dezember 2008 wurde eine weitere Order über 34 Mittelwagen unterzeichnet. Am 4. März 2010 wurde der 200. Doppelstockwagen von Bombardier an die LNVG übergeben. Die Wendezüge werden in der Regel aus fünf, sechs oder acht Doppelstockwagen (darunter jeweils ein Steuerwagen) gebildet und bieten bis zu fast 1.000 Sitzplätze (acht Wagen). In jedem Zug befinden sich sowohl Sitzplätze der 1. als auch der 2. Klasse. Auch verfügen die Garnituren über Bistro-Abteile. Aufgrund der großen Nachfrage nach Fahrradabstellplätzen wer-

den saisonal zu den Abstellmöglichkeiten in den Mehrzweckabteilen der Steuerwagen weitere Abstellmöglichkeiten im Unterdeck einiger Mittelwagen geschaffen, wozu hier komplette Sitzreihen entfernt werden. Im Gegensatz zu den anderen Mittelwagen verfügen diese Doppelstockwagen über einen Tiefeneinstieg, der ein einfaches Ein- und Ausladen ermöglicht.

Die metronom Eisenbahngesellschaft verfügt über keine eigenen Instandhaltungs- bzw. Instandsetzungskapazitäten für ihr Rollmaterial, sondern die ausnahmslos im Eigentum der LNVG befindlichen Fahrzeuge werden in Betriebswerken der Osthannoverschen Eisenbahnen AG (OHE) bzw. der Eisenbahnen und Verkehrsbetriebe Elbe-Weser GmbH (EVB) unterhalten. Rechtzeitig zur Betriebsaufnahme der metronom Eisenbahngesellschaft stand in Uelzen ein durch die OHE neu errichtetes Betriebswerk zur Verfügung. Nachdem die

Nachdem die metronom Eisenbahngesellschaft bei der Ausschreibung des Hanse-Netzes den Zuschlag erhalten hat, werden solche Bilder auch nach dem Fahrplanwechsel im Dezember 2010 weiterhin möglich sein: ME 146-07 verlässt am 14. September 2006 mit Zug ME 81155 mit Ziel Hamburg den Bremer Hauptbahnhof.

Foto: Dr. Matthias Schmidt

Bemühungen gescheitert waren, von der Deutschen Bahn hierfür Flächen am ehemaligen Güterbahnhof zu erwerben, wurde das Projekt im Norden Uelzens am sogenannten »Dannenberger Bogen« realisiert. Hier stehen fünf Hallengleise zur Verfügung, auf denen teilweise Züge bis zu einer Länge von sechs bzw. acht Waggons gefristet und gewartet werden können. Es steht eine Unterflurdrehbank zur Verfügung, auf mehreren Außengleisen können die Züge gereinigt werden. Da hier nicht alle Gleise elektrifiziert sind, setzen die Osthannoverschen Eisenbahnen AG hier eine Diesellok im Rangierdienst ein. In Höhe der Uelzener Zuckerfabrik befindet sich zudem eine Aufstellgruppe für die metronom-Züge zur Verfügung. Da seit Dezember 2007 nicht mehr alle Züge das Uelzener Betriebswerk planmäßig erreichen (Zugleistungen Hamburg – Lüneburg / Tostedt), wurden im OHE-Bahnhof Lüneburg Nord neue Wartungsgleise nebst Aufenthaltsraum (Container) für die metronom-Züge errichtet, die im Bedarfsfall dem Betriebswerk Uelzen zugeführt werden können. Das zwischen Hamburg und Cuxhaven eingesetzte Rollmaterial schließlich wird im Bremervörder Betriebswerk der EVB gewartet bzw. unterhalten. Das dortige Betriebswerk – welches hierfür entsprechend erweitert wurde – wird ab Buxtehude oder Stade über die Strecken der Eisenbahnen und

Verkehrsbetriebe Elbe-Weser erreicht. Die Wartung bzw. Instandhaltung der Fahrzeuge erfolgt durch Personal der EVB, der OHE sowie des Fahrzeugherstellers Bombardier. Auch obliegt der OHE die Aufgabe der Zugüberwachung und -disposition von ihrer Leitstelle in Celle aus. Hier wird das gesamte Betriebsgeschehen im Auftrag der metronom Eisenbahngesellschaft überwacht und hier erfolgt zum Beispiel im Bedarfsfall auch das Notfallmanagement.

Vertragsverlängerung beim »Hanse-Netz«

Im Jahr 2009 haben die Landesnahverkehrsgesellschaft Niedersachsen mbH sowie die Freien und Hansestädte Bremen und Hamburg das »Hanse-Netz« ausgeschrieben, welches alle Nahverkehrslinien zwischen Bremen, Hamburg und Uelzen umfasst. In diesem Netz sind derzeit sowohl metronom Eisenbahngesellschaft als auch DB Regio unterwegs. Für eine ab Dezember 2010 für zunächst acht Jahre vom zukünftigen Betreiber zu erbringende Jahresleistung von 5,2 Millionen Zugkilometern stellt die LNVG insgesamt 20 Lokomotiven und 126 Doppelstockwagen zur Verfügung. Der Fahrplan wurde durch die Aufgabenträger gegenüber dem Status quo deutlich verändert: Zwischen Bremen und Hamburg wird neben der jetzt schon bestehenden Expresslinie (ME), die in den aufkommensstärksten Bahnhöfen hält, eine weitere durchgehende Metropol-Linie mit Halt in allen Stationen geschaffen. Letztere ersetzt die beiden Linien Bremen – Rotenburg (Wümme) (bisher RB von DB Regio) und Hamburg – Tostedt (Metronom MEr) und schließt die Lücke zwischen Rotenburg und Tostedt. Zudem werden für die Pendler aus Richtung Buchholz (Nordheide) und Lüneburg in den Hauptverkehrszeiten zusätzliche Züge nach Hamburg gefahren, um die heute teilweise sehr stark besetzten Fahrten zu entlasten.

Am 15. Januar 2010 teilte die Deutsche Bahn in einer Medieninformation mit, dass sie gegen den Ausschluss ihres Angebotes aus dem Vergabeverfahren rechtliche Schritte einleiten werde. Vorausgegangen war im Dezember 2009 eine Entscheidung des Aufsichtsrates der Landesnahverkehrsgesellschaft Niedersachsen: Wie der Weser-Kurier am 9. Januar 2010 in seiner Online-Ausgabe berichtete, habe die Deutsche Bahn scheinbar mehrere formale Fehler gemacht, die zu ihrem Ausschluss aus dem Verfahren führte: Unter anderem habe das Angebot des Unternehmens mehr als 35 Prozent unter dem gelegen, was die LNVG kalkuliert hatte. Rund 43 Millionen Euro habe die LNVG für den Betrieb kalkuliert, mit knapp 28 Millionen Euro habe die Deutsche Bahn auskommen wollen. Laut Vergabegesetz hätte diese

deutliche Abweichung nach Zeitungsangaben »aufgeklärt« werden müssen, um unlautere Angebote auszuschließen. Trotz zweifacher Aufforderung und Fristverlängerungen habe die DB ihre Kalkulationen unter Berufung auf das Geschäfts- und Betriebsgeheimnis nicht offengelegt, was zur negativen Entscheidung der LNVG führte. Die Deutsche Bahn widersprach dieser Darstellung. In den Medien kursierende Behauptungen, das Angebot der Bahn sei auf Grund seiner Preisgünstigkeit zu disqualifizieren und weise formale Fehler auf, wies Frank Sennhenn, Vorstandsvorsitzender der DB Regio AG entschieden zurück: »Wir haben die Wirtschaftlichkeit der Verkehre gegenüber der LNVG im Vorfeld durch umfangreiche Nachweise belegt und weitere Gespräche angeboten.« Am 4. März 2010 teilte die Bahn dann mit, dass sie den Nachprüfungsantrag zur Ausschreibung des Hansenetzes bei der Vergabekammer Lüneburg zurückziehen werde. Die mündliche Verhandlung am 26. Februar 2010 hatte ergeben, dass das Bahnangebot zwar keine formalen Fehler enthalte, der Aufgabenträger aber einen Spielraum bei der Beurteilung der Zuschlagsfähigkeit von Angeboten habe. Die Kammer ließ durchblicken, dass sie deshalb den Antrag der DB für unbegründet halte. Am gleichen Tag teilte die Landesnahverkehrsgesellschaft Niedersachsen dann mit, dass der Zuschlag für das Hanse-Netz an metronom – neben der Deutschen Bahn dem einzigen Bieter – erteilt wird.

Einen Acht-Wagenzug hat ME 146 535 am 16. Juni 2008 am Haken, als sie als ME 80941 auf dem Weg von Hamburg nach Uelzen ist. Peter Tadsen gelang diese Aufnahme bei der Ausfahrt aus dem Bahnhof Lüneburg.

Seit Dezember 2005 verkehren auch metronom-Regional-Express-Züge zwischen Uelzen und Göttingen. Der Fünfwagen-Doppelstockzug ist als ME 80819 am 30. Mai 2007 auf Weg von Uelzen nach Göttingen und legt hier, geführt von der ME 146-11, einen Zwischenstopp im einst bedeutenden Bahnhof Kreiensen ein.

Foto: Swen Thunert

Ganz klar und deutlich ist hier das Reiseziel des ME 80839 auszumachen: Göttingen. Swen Thunert erwischte den Zug mit der Lok ME 146-11 am 6. Juni 2007 zwischen Kreiensen und Einbeck Salzderhelden.

Die Ähnlichkeit der beiden metronom-Loks ist frappierend. Das Foto oben zeigt die am 25. Oktober 2006 im Betriebswerk Uelzen aufgenommene Ellok-Variante, hier ME 146-11. Auf dem Foto unten ist die dieselelektrische Variante 246 003 am 31. August 2007 in Bremervörde zu sehen.

Beide Fotos: Dietmar Brämert

cantus Verkehrsgesellschaft mbH

Gesellschafter:	50 % Hessische Landesbahn GmbH
	50 % BeNEX GmbH
Unternehmenssitz:	Kassel
Betriebsaufnahme:	10.12.2006
... in Niedersachsen:	10.12.2006
Anzahl Linien:	4
Länge, Liniennetz:	287 km
Zugkilometer/Jahr:	3.900.000 km (seit 12/2009)
Anzahl Zuggarnituren:	20

Unter Federführung des Nordhessischen VerkehrsVerbundes (NVV) haben die Aufgabenträger für den Schienenpersonennahverkehr NVV, Rhein-Main Verkehrsverbund, Landesnahverkehrsgesellschaft Niedersachsen mbH und der Freistaat Thüringen 2004 das Nordost-Hessen-Netz im Jahr 2004 europaweit ausgeschrieben. Die Ausschreibung umfasste Leistun-

gen im Umfang von 3,6 Millionen Zugkilometern pro Jahr von Dezember 2006 bis Dezember 2016 auf insgesamt vier bisher von der DB Regio AG betriebenen Nahverkehrslinien. Das Netz umfasst Strecken(abschnitte) in den drei Bundesländern Hessen, Niedersachsen und Thüringen. Im April 2005 wurde dann einer Bietergemeinschaft bestehend aus Hessischer Landesbahn GmbH (HLB) und Hamburger Hochbahn AG (HHA) der Zuschlag erteilt, wobei das erfolgreiche Konzept sowohl eine Verbesserung der Angebotsqualität im Netz als auch eine nachhaltige Einsparung für die Auftraggeber ermöglichte.

Die HLB hat in Kassel bzw. in Hessen bereits eine sehr lange Tradition: hier ist die HLB mit ihren direkten und indirekten Beteiligungen HLB Basis AG (84,56 % HLB), Regionalbahn Kassel GmbH (RBK, 50 % HLB Basis), Regio-Tram Betriebsgesellschaft mbH (49 % RBK), HLB Hessenbus GmbH (100 % HLB) und HLB Hessenbahn GmbH (100 % HLB) tätig. Mit der Fulda Bus GmbH war auch die HHA

Als erste »Privatbahn« setzt die cantus Verkehrsgesellschaft Elektrotriebwagen vom Typ FLIRT planmäßig in Niedersachsen ein.

Foto (15.04.2007): Stadler Rail

bereits in Hessen unternehmerisch aktiv. Für den Betrieb des gewonnenen Bahnnetzes gründeten HHA und HLB, 100-Prozent-Töchter der Freien und Hansestadt Hamburg bzw. des Landes Hessen, die cantus Verkehrsgesellschaft mbH mit Sitz in Kassel. Beide Partner halten dabei eine 50-Prozent-Beteiligung. Per 25. Mai 2007 wurden die Gesellschafteranteile der Hamburger Hochbahn AG auf die BeNEX GmbH übertragen, zu diesem Zeitpunkt noch eine 100-Prozent-Tochter der HHA, in welcher alle Beteiligungen des Unternehmens außerhalb Hamburgs als »Expansionsholding« gebündelt wurden (hinter dem »Wortgebilde« BeNEX verbirgt sich: »bene Nexus = gute Verbindung«). Noch im selben Jahr wurden dann die Weichen dafür gestellt, dass die Babcock & Brown Public Partnership Limited 49 Prozent der BeNEX-Gesellschafteranteile von der Hamburger Hochbahn AG übernahm.

Erfolgreiche Betriebsaufnahme

Am 10. Dezember 2006 nahm cantus auf den vier Nahverkehrslinien R 1 Göttingen – Eichenberg – Hannoversch Mün-den – Kassel, R 5 Kassel – Melsungen – Bebra – Bad Hersfeld – Fulda, R 6 Bebra – Herleshausen – Eisenach und R 7 Göttingen – Eichenberg – Eschwege – Bebra den planmäßigen Betrieb auf, wobei alle 14 dreiteiligen sowie alle sechs vierteiligen FLIRT-Elektrotriebzüge zur Verfügung standen. Der Start verlief auf dem Nordost-Hessen-Netz reibungslos, wobei sich viele Fahrgäste gleich am ersten Tag selbst ein eigenes Bild vom neuen Bahnunternehmen machen wollten. Die Züge waren sehr gut gefüllt. Aufgrund von Anschlusssicherung kam es zu kleineren Verzögerungen im überwiegend pünktlichen Verkehr. Diese Pünktlichkeit und die modernen Züge sorgten für viele sehr zufriedene Fahrgäste. Im Folgenden ein Blick auf die Linien und das dort umgesetzte Fahrplankonzept.

Die Züge der Linie R 1 beginnen im niedersächsischen Göttingen (Kilometer 0) und fahren über Friedland (km 13,7), Eichenberg (km 19,8), Witzenhausen (km 25), Witzenhausen-Gertenbach (km 30,7), Hannoversch Münden-Hedemünden (km 34,4), Hannoversch Münden (km 42,8), Staufenberg-Speele (km 52,2), Fuldatal-Ihringhausen (km 58,4), Vellmar-Niedervellmar (km 62,1) bis nach Kassel Hauptbahnhof

Zwei der vier von cantus gefahrenen Nahverkehrslinien bedienen auch Kassel. Auf dem Foto vom 15. April 2007 ist ein FLIRT-cantus auf dem Weg nach Kassel.

Foto: Stadler Rail

(km 67). Befahren werden ausschließlich elektrifizierte Hauptbahnen, welche mindestens zweigleisig ausgebaut sind. Aktuell gilt folgendes Fahrplankonzept:

werktags außer samstags	4 bis 23 Uhr	60-Minuten-Takt
samstags	5 bis 21 Uhr	60-Minuten-Takt
	21 bis 23 Uhr	120-Minuten-Takt
sonn- und feiertags	6 bis 10 Uhr	120-Minuten-Takt
	10 bis 19 Uhr	60-Minuten-Takt
	19 bis 23 Uhr	120-Minuten-Takt

Werktags außer samstags verkehren in den Hauptverkehrszeiten teilweise zusätzliche Fahrten. Züge von Göttingen nach Kassel verkehren bis Eichenberg als hinterer Zugteil vereinigt mit der Linie R 7.

Die Verbindung R 5 beginnt in Kassel Hbf (Kilometer 0) und führt über Kassel-Wilhelmshöhe (km 3,6), Guxhagen (km 17,1), Melsungen (km 29,6), Malsfeld (km 33,2), Malsfeld-Beiseförth (km 35,3), Morschen-Altmorschen (km 40), Alheim-Heinebach (km 44,6), Rotenburg an der Fulda (km 52,2), Rotenburg-Lispenhausen (km 54,8), Bebra (km 58),

Ludwigsau-Friedlos (km 67,8), Bad Hersfeld (km 71,4), Haunetal-Neukirchen (km 84,5), Burghaun 93,1) und Hünfeld (km 97,5) bis nach Fulda (km 114). Befahren wird durchweg eine mindestens zweigleisige, elektrifizierte Hauptbahn. Aktuell gilt das folgende Fahrplanschema:

werktags	5 bis 21 Uhr	60-Minuten-Takt
	21 bis 23 Uhr	120-Minuten-Takt
sonn- und feiertags	6 bis 21 Uhr	60-Minuten-Takt
	21 bis 23 Uhr	120-Minuten-Takt

Werktags außer samstags fahren in den Hauptverkehrszeiten teilweise zusätzliche Verstärkerzüge.

Im hessischen Bebra (Kilometer 0) beginnt die R 6 und führt über Ronshausen (km 5,2), Wildeck-Hönebach (km 11,6), Wildeck-Bosserode (km 15,3), Wildeck-Obersuhl (km 17,9), Gerstungen (km 21,1), Herleshausen (km 32,1), Hörschel (km 36,5), Eisenach Opelwerk (km 41,6) und Eisenach West (km 43,1) bis ins thüringische Eisenach (km 45,1), wobei durchgängig eine zweigleisige elektrifizierte Hauptbahn befahren wird. Derzeit gilt folgendes Fahrplanschema:

Aus dem niedersächsischen Göttingen kommend werden die cantus-Züge in Eichenberg geflügelt: 428 003 wird am 17. Februar 2007 seine Fahrt als Can 31763 nach Fulda, 427 055 und 056 werden als Can 31713 ihre Fahrt nach Kassel fortsetzen.   Foto: Thomas Günzel

werktags außer samstags	5 bis 21 Uhr	60-Minuten-Takt
samstags	6 bis 9 Uhr	60-Minuten-Takt
	9 bis 21 Uhr	120-Minuten-Takt
sonn- und feiertags	7 bis 21 Uhr	120-Minuten-Takt

Werktags außer samstags fahren in den Hauptverkehrszeiten teilweise zusätzliche Verstärkerzüge.

Die Züge der Linie R 7 beginnen wie die Fahrten der R 1 im niedersächsischen Göttingen (Kilometer 0) und fahren über Friedland (km 13,7), Eichenberg (km 19,8), Bad Soden-Allendorf (km 34,6), Eschwege West (bis 12. Dezember 2009, km 45,5), Wehretal-Reichensachsen (km 50) und Sontra (km 60,4) nach Bebra (km 80,5). Richtung Bebra verkehren die Züge zwischen Göttingen und Eichenberg vereinigt mit der R 1. Einige Züge verkehren über Bebra hinaus bis nach Bad Hersfeld, Fulda und auch bis nach Eisenach.

Eine Veränderung in der Linienführung der Züge ergab sich am 13. Dezember 2009: seit diesem Tag wird der Bahnhof Eschwege West nicht mehr bedient, da er »umfahren« wird. Stattdessen geht es seitdem über einen reaktivierten Streckenabschnitt mit Halt am neuen Haltepunkt Eschwege-Niederhone zum Stadtbahnhof Eschwege. Hier machen die Züge nun Kopf und setzen ihre Fahrt zum Zielbahnhof fort. Auf dem neu befahrenen Streckenabschnitt Eschwege West – Eschwege verkehrte am 31. Mai 1985 der letzte Reisezug, am 15. Dezember 2002 gehörte auch der Güterverkehr der Vergangenheit an. Die Kreisstadt Eschwege mit etwa 20.000 Einwohnern hatte ihre direkte Bahnanbindung verloren. Nachdem sich eine Reaktivierung der Bahnstrecke für den Schienenpersonennahverkehr durch die Deutsche Bahn zerschlagen hatte, konnten die Stadt Eschwege, der Landkreis Werra-Meißner und der Nordhessische Verkehrsverbund die DB Netz AG dazu bewegen, die Strecke an ein privates Eisenbahninfrastrukturunternehmen abzugeben. An einem 2005 eingeleiteten Verfahren nach § 11 Allgemeines Eisenbahn-Gesetz zur Abgabe der Strecke an Dritte waren drei Unternehmen interessiert. Im Ergebnis wurde 2007 der HLB Basis AG (84,56 % Hessische Landesbahn, Rest: Kommunen) der Zuschlag erteilt. Die HLB Basis AG erwarb im Juni 2008 die Strecke, bereits am 19. September 2008 erfolgte der erste Spatenstich bei diesem 16-Millionen-Euro-Projekt. Alle alten Gleise (mehr als 4.000 Meter) wurden durch neues Material ersetzt. Die Strecke wurde für 80 km / h hergerich-

Bild der Gegensätze: Der moderne cantus 427 053 (Can 31819 Göttingen – Kassel) am 7. Januar 2007 vor dem in die Jahre gekommenen Empfangsgebäude des Bahnhofes Eichenberg. Foto: Thomas Günzel

tet, elektrifiziert und mit Lichtsignalen ausgestattet, welche vom HLB-Stellwerk in Kassel-Baunatal aus ferngesteuert werden. Es wurde eine Nordkurve neu errichtet, Brücken wurden saniert bzw. neu gebaut. Auch wurde der neue Haltepunkt Niederhone realisiert. Schon am 13. Dezember 2009 konnte auf der reaktivierten Strecke der Zugbetrieb aufgenommen werden. Bereits am Vortag war der offizielle Eröffnungszug unterwegs und es wurden kostenlose Schnupperfahrten angeboten. Für die Linie R 7 gilt das folgende Fahrplanschema:

werktags außer samstags	5 bis 20 Uhr	60-Minuten-Takt
	20 bis 22 Uhr	120-Minuten-Takt
samstags	6 bis 9 Uhr	60-Minuten-Takt
	9 bis 11 Uhr	120-Minuten-Takt
	11 bis 17 Uhr	60-Minuten-Takt
	17 bis 22 Uhr	120-Minuten-Takt
sonn- und feiertags	7 bis 11 Uhr	120-Minuten-Takt
	11 bis 17 Uhr	60-Minuten-Takt
	17 bis 22 Uhr	120-Minuten-Takt

Moderne Triebwagen auf dem Nord-Ost-Hessen-Netz

Für den Betrieb des Nordost-Hessen-Netzes bestellten Hamburger Hochbahn und Hessische Landesbahn jeweils zehn Elektrotriebzüge vom Typ FLIRT (Details zum Fahrzeugtyp finden sich im Kapitel über Keolis) bei Stadler Pankow. Die vierzehn dreiteiligen Triebwagen verfügen über 167 Sitzplätze plus 37 Klappsitze, hinzu kommen 174 Stehplätze. Die sechs vierteiligen Fahrzeuge haben 219 Sitzplätze plus 41 Klappsitze, für weitere 238 Passagiere gibt es Stehplätze. Die Fahrzeuge verfügen über bequeme Sitze, ein Fahrgastinformationssystem und sind klimatisiert. Große Mehrzweckbereiche bieten ausreichend Platz für Fahrräder, Kinderwagen, Rollstühle und auch große Gepäckstücke. Weitere Ausstattungsmerkmale sind ein Niederfluranteil von über 90 Prozent, behindertenfreundliche Ausstattung (WC, Rollstuhlrampe und -plätze), Fahrscheinautomaten im Zug und ein großzügiger Einstiegsbereich. Bereits am 15. Mai 2006 wurde mit 427 051 der erste Triebwagen an die cantus Verkehrsgesellschaft übergeben, bis zur Betriebsaufnahme am 10.

In Kassel-Wilhelmshöhe Süd ist für die cantus-Triebwagen ein neuer Betriebshof entstanden. Auf dem Foto vom 17. Dezember 2009 sieht man neben 427 004 einen weiteren Triebzug in der modernen Werkhalle.   Foto: cantus Verkehrsgesellschaft

Dezember 2006 standen alle Fahrzeuge für den Planeinsatz zur Verfügung. Zuvor wurden sie aber bereits im Plandienst »fern der Heimat« eingesetzt: im November 2006 waren sie im Auftrag der HLB Hessenbahn GmbH (100-Prozent-Tochter der Hessischen Landesbahn GmbH) zwischen Friedberg und Hanau unterwegs, die Ostdeutsche Eisenbahn GmbH (damals 50 % Hamburger Hochbahn AG, jetzt BeNEX) setzte die neuen Züge zwischen Berlin-Lichtenberg und Frankfurt (Oder) (OE 60) planmäßig im Nahverkehr ein.

Zunächst wurden die Triebwagen übergangsweise im Betriebshof der HLB Basis AG in Baunatal-Großenritte an der Bahnstrecke Kassel-Wilhelmshöhe – Naumburg (gut zehn Kilometer entfernt von Kassel-Wilhelmshöhe) unterhalten, wozu die dortigen Anlagen mit einem Zeltvorbau übergangsweise vergrößert wurden. Die neue Werkstatt für die cantus-Triebwagen stand dann seit Ende 2008 im Bahnhof Kassel-Wilhelmshöhe Süd zur Verfügung und wurde mit viel Prominenz am 30. April 2009 offiziell seiner Bestimmung übergeben. Innerhalb eines guten Jahres sind zwischen der Bahnstrecke Würzburg – Hannover und der ehemaligen Lüttich-Kaserne zwei Gebäudekomplexe entstanden. In dem neuen Gebäude der cantus wurden neben der eigentlichen, zweigleisigen Werkhalle, welche über eine Hebevorrichtung und über eine Grube für Arbeiten unter dem Fahrzeug verfügt, auch eine Außenreinigungsanlage errichtet. Darüber hinaus wurden Nebenwerkstätten, Lager für Ersatzteile sowie Büro- und Aufenthaltsräume integriert. In der neuen Werkstatt zählen neben der Durchführung von Fahrzeuginspektionen auch die Fehlersuche, die Reparatur und die Reinigung der Fahrzeuge zu den Hauptaufgaben. Auch werden hier Toiletten-, Tür- und Automatenstörungen behoben sowie Graffiti und Beschädigungen an der Fahrzeugeinrichtung beseitigt. Direkt neben den cantus-Anlagen errichtete die HLB eine Halle für die Radsatzbearbeitung, wo die Räder unterschiedlicher Schienenfahrzeuge reprofiliert werden können. Vor allem wird diese Anlage für die RegioTram-Fahrzeuge benötigt, steht aber auch anderen Eisenbahnverkehrsunternehmen zur Verfügung. Am neuen Betriebsstandort investierten cantus rund sieben, die HLB etwa drei Millionen Euro.

Auch befindet sich in Kassel-Wilhelmshöhe Süd eine Außenreinigungsanlage. Der cantus 427 004 wird hier am 17. Dezember 2009 wieder auf Hochglanz gebracht.

Foto: cantus Verkehrsgesellschaft

Triebfahrzeugbestand cantus

Betriebsnummer	Achsfolge	Hersteller Baujahr/Fabriknummer	Leistung	Bemerkungen
427 001	Bo'2'2'Bo'	Stadler 2006/37453	4x500 kW	
827 001				
427 501				
427 002	Bo'2'2'Bo'	Stadler 2006/37457	4x500 kW	
827 002				
427 502				
427 003	Bo'2'2'Bo'	Stadler 2006/37461	4x500 kW	
827 003				
427 503				
427 004	Bo'2'2'Bo'	Stadler 2006/37465	4x500 kW	
827 004				
427 504				
427 005	Bo'2'2'Bo'	Stadler 2006/37469	4x500 kW	
827 005				
427 505				
427 006	Bo'2'2'Bo'	Stadler 2006/37473	4x500 kW	
827 006				
427 506				
427 007	Bo'2'2'Bo'	Stadler 2006/37477	4x500 kW	
827 007				
427 507				
427 051	Bo'2'2'Bo'	Stadler 2006/37481	4x500 kW	
827 051				
427 551				
427 052	Bo'2'2'Bo'	Stadler 2006/37485	4x500 kW	
827 052				
427 552				
427 053	Bo'2'2'Bo'	Stadler 2006/37489	4x500 kW	
827 053				
427 553				
427 054	Bo'2'2'Bo'	Stadler 2006/37493	4x500 kW	
827 054				
427 554				
427 055	Bo'2'2'Bo'	Stadler 2006/37497	4x500 kW	»Alheim«
827 055				
427 555				
427 056	Bo'2'2'Bo'	Stadler 2006/37501	4x500 kW	
827 056				
427 556				
427 057	Bo'2'2'Bo'	Stadler 2006/37505	4x500 kW	
827 057				
427 557				
428 001	Bo'2'2'2'Bo'	Stadler 2006/37510	4x500 kW	
828 001				
828 201				
428 501				
428 002	Bo'2'2'2'Bo'	Stadler 2006/37515	4x500 kW	
828 002				
828 202				
428 502				
428 003	Bo'2'2'2'Bo'	Stadler 2006/37520	4x500 kW	»Bebra«

Triebfahrzeugbestand cantus

Betriebsnummer	Achsfolge	Hersteller Baujahr/Fabriknummer	Leistung	Bemerkungen
828 003				
828 203				
428 503				
428 051	Bo'2'2'2'Bo'	Stadler 2006/37525	4x500 kW	
828 051				
828 251				
428 551				
428 052	Bo'2'2'2'Bo'	Stadler 2006/37530	4x500 kW	
828 052				
828 252				
428 552				
428 053	Bo'2'2'2'Bo'	Stadler 2006/37535	4x500 kW	
828 053				
828 253				
428 553				

Mit 428 001 bis 003 und 428 051 bis 053 verfügt cantus über sechs vierteilige FLIRT-Triebwagen. Einen solchen zeigt das Foto in Kassel-Wilhelmshöhe Süd.

Foto: cantus Verkehrsgesellschaft

WestfalenBahn GmbH

Gesellschafter:	25 % ABELLIO GmbH
	25 % Mindener Kreisbahnen GmbH
	25 % moBiel GmbH
	25 % Verkehrsbetriebe Extertal – Extertal-
	bahn GmbH
Unternehmenssitz:	Bielefeld
Betriebsaufnahme:	09.12.2007
Anzahl Linien:	4
Länge, Liniennetz:	294 km
Zugkilometer/Jahr:	ca. 4 Mio.
Anzahl Zuggarnituren:	19

Am 9. Dezember 2007 hat auf dem Teutoburger-Wald-Netz in Niedersachsen und Nordrhein-Westfalen mit der WestfalenBahn GmbH ein weiteres Eisenbahnverkehrsunternehmen seinen Betrieb aufgenommen, nachdem sie im März 2005 eine europaweite Ausschreibung für sich entscheiden konnte. Den Zuschlag erhielt eine aus den vier Verkehrsunternehmen ABELLIO GmbH, Mindener Kreisbahnen GmbH, moBiel GmbH (eine Tochter der Stadtwerke Bielefeld) und den Verkehrsbetrieben Extertal – Extertalbahn GmbH bestehende Bietergemeinschaft, die am 13. Mai 2005 die WestfalenBahn GmbH mit Sitz in Bielefeld gründeten.

Die ABELLIO GmbH wurde als Gemeinschaftsunternehmen von Essener Versorgungs- und Verkehrsgesellschaft mbH (EVV, 85 %) und dem Unternehmer Bernd Mesenhohl (15 %) gegründet. Zur Finanzierung der Unternehmensexpansion konnte 2005 der britische Investmentfond Star Capital Partners LTD., London, als Partner gewonnen werden, welcher gut 75 Prozent der Unternehmensanteile übernahm. Anfang 2009 übernahm NedRailways, die internationale Expansionstochter der Niederländischen Staatsbahn, sämtliche Anteile der ABELLIO GmbH von Star Capital Partners, ABELLIO-Management und EVV. Die drei weiteren Gesellschafter der WestfalenBahn sind auch heute noch kommunal geprägte Betriebe: Die Mindener Kreisbahnen GmbH sind ein Unternehmen des Kreises Minden-Lübbecke, die moBiel GmbH eine 100-Prozent-Tochter der Stadtwerke Bielefeld.

Die Einsätze der DB Regio-Züge auf der Ems-Bahn waren am 4. November 2007 bereits gezählt: 110 507 wird gleich mit der Regionalbahn 39186 von Münster nach Rheine aufbrechen.

Foto: Dr. Matthias Schmidt

Gesellschafter der Verkehrsbetriebe Extertal – Extertalbahn GmbH sind der Kreis Lippe (39,44 %), die e.on Westfalen-Weser AG (18,88 %), die Verkehrsbetriebe Extertal GmbH (14,33 %), die Stadt Rinteln (11,48 %), der Landschaftsverband Westfalen-Lippe (10,52 %) sowie der Landkreis Schaumburg (5,35 %). Jeder Gesellschafter der WestfalenBahn ist mit einem Viertel am Unternehmen beteiligt, welches ein Stammkapital von 28.000 Euro hat.

Das Teutoburger Wald-Netz wurde gemeinsam von den Zweckverbänden Schienenpersonennahverkehr Münsterland (ZVM), VerkehrsVerbund OstWestfalenLippe (VVOWL) und Nahverkehrsverbund Paderborn / Höxter (nph) sowie der Landesnahverkehrsgesellschaft Niedersachsen mbH (LNVG) für den Zeitraum vom 9. Dezember 2007 bis Dezember 2017 vergeben. Von der jährlichen Zugleistung von insgesamt 4 Millionen Kilometern entfallen 1,7 Millionen Kilometer auf den ZVM, 1 Millionen Kilometer auf den VVOWL, 0,9 Millionen Kilometer auf die LNVG in Niedersachsen sowie 0,4 Millionen Kilometer auf den nph. Das Netz umfasst folgende vier im Stundentakt bedienten Strecken:

- RB 61 »Wiehengebirgsbahn«
    Bad Bentheim – Rheine – Osnabrück – Herford – Bielefeld
- RB 65 »Ems-Bahn« Münster – Greven – Emsdetten – Rheine

- RB 66 »Teuto-Bahn« Münster – Lengerich – Osnabrück sowie
- RB 72 »Ostwestfalen-Bahn«
    Herford – Lage – Detmold – Altenbeken – Paderborn.

Start nicht ganz ohne Probleme

Der offizielle Start der WestfalenBahn im Teutoburger-Wald-Netz erfolgte am 9. Dezember 2007 im Bielefelder Hauptbahnhof nach Musik, Glühwein und Grußworten: Pünktlich um 11.09 Uhr verließ ein FLIRT-Elektrotriebwagen als RegionalBahn 61 den Bahnhof mit Ziel Bad Bentheim. Allerdings war der reguläre Personenverkehr des Unternehmens bereits um 6.21 Uhr angelaufen – nach Unternehmensangaben reibungslos. Gleichwohl war es in den Nachtstunden zu einer Panne gekommen: Wegen mangelnder Abstimmung zwischen DB Regio NRW und WestfalenBahn waren nach 0.00 Uhr zwischen Münster und Osnabrück drei Züge ausgefallen. Nicht wenige Reisende mussten deshalb der kalten, regnerischen Witterung trotzen. »Höchst ärgerlich, dass wegen mangelnder Abstimmung mehrere Züge ausgefallen sind«, kommentierte damals Matthias Koch vom ZVM die Tatsache, dass durch »fehlerhafte Zusammenarbeit« der alten und neuen Betreiber Reisende Unannehmlichkeiten

Neben 14 dreiteiligen verfügt die WestfalenBahn auch über fünf fünfteilige FLIRT-Triebwagen. Am 22. Dezember 2007 wartet ET 018 in Rheine auf seinen nächsten Einsatz.   Foto: Dr. Matthias Schmidt

erdulden mussten. Die WestfalenBahn war davon ausgegangen, dass die Deutsche Bahn als bisheriger Anbieter den so genannten Fahrtumlauf über die Datumsgrenze hinweg zu Ende brachte. Peter Grundmann von der Deutschen Bahn unterstrich, dass aus seiner Sicht kein Missverständnis vorlag: »Es gibt keine geübte Praxis, wonach das vorherige Unternehmen in der Nacht nach Null Uhr weiterfährt.« Allerdings: Züge, die vor Mitternacht gestartet wären, würden selbstverständlich bis zu ihrem Endbahnhof weiterfahren. »Der Übergang ist in der berühmten Sekunde nach 23.59.59 Uhr.« Die betroffenen Fahrgäste wurden unbürokratisch entschädigt. Weniger gravierend: Beim Betriebsstart waren in den Zügen noch nicht alle Fahrkartenautomaten betriebsbereit, da sie vom Hersteller so kurzfristig ausgeliefert worden waren, dass sie erst am Vortag der Betriebsaufnahme montiert werden konnten.

Am 18. März 2008 konnte Rainer Blüm, WestfalenBahn-Geschäftsführer, eine sehr positive 100-Tages-Bilanz ziehen: »Besonders froh sind wir über die hohe Pünktlichkeit in unserem Netz«, denn über 95 Prozent der Fahrten waren pünktlich. Das Angebot des Unternehmens wurde von den Fahrgästen sehr gut angenommen: bei 1.124 wöchentlichen

Zugfahrten werden jährlich sieben bis acht Millionen Fahrgäste erwartet. Allerdings konnten immer noch keine Tickets im Zug verkauft werden, da der Zulieferer erhebliche Lieferschwierigkeiten hatte. Der Service des Bahnunternehmens kam bei den Kunden bereits sehr gut an: Ergebnis einer Kundenbefragung zwischen Münster und Osnabrück war, dass 80 Prozent der Befragten die WestfalenBahn in jedem Fall weiterempfehlen würden. Nach einem Jahr Betrieb durch die WestfalenBahn fand am 9. Dezember 2008 eine Pressefahrt statt. Wichtigste Nachricht: Die Pünktlichkeit der Züge liegt bei unveränderten 95 Prozent weiter auf hohem Niveau. Auch der Service in den Zügen wurde weiter ausgebaut: Zu den bisher zwölf Kundenberatern in den Zügen kamen noch einmal neun zusätzliche Kräfte hinzu. Zudem wurde das Fahrplanangebot auf der RB 61 »Wiehengebirgsbahn« zum 29. November 2008 deutlich ausgebaut: zwischen Bad Bentheim und Bielefeld fahren seitdem auch samstags und sonntags bis in die späten Abendstunden hinein die Züge in einem durchgehenden Stundentakt.

Im folgenden ein Blick auf die vier RegionalBahn-Verbindungen, von welchen mit der »Wiehengebirgsbahn« zwischen Bad Bentheim und Rheine sowie zwischen Melle und

Seit dem 9. Dezember 2007 ist die Ems-Bahn fest in der Hand der WestfalenBahn. An diesem Tag fotografierte Dr. Matthias Schmidt ET 008 (WFB 39658 Münster – Rheine) bei der Ausfahrt aus Münster Hauptbahnhof.

Bruchmühlen sowie der »Teuto-Bahn« zwischen Lengerich und Osnabrück Hbf auch niedersächsische Bahnstationen bedient werden.

RB 61 »Wiehengebirgsbahn«

Die Züge der Wiehengebirgsbahn beginnen im niedersächsischen Bad Bentheim (Kilometer 0) und fahren über Schüttorf (km 4,4), Salzbergen (km 13,7), Rheine (km 21,5), Hörstel (km 33,2), Ibbenbüren-Esch (km 37,6), Ibbenbüren (km 42,8), Ibbenbüren-Laggenbeck (km 47,3), Osnabrück Altstadt (km 67,7), Osnabrück Hbf (km 69), Wissingen (km 79), Westerhausen (b. Melle) (km 84,6), Melle (km 90,1), Bruchmühlen (km 97,4), Bünde (Westf) (km 106,2), Kirchlengern (km 111,1), Hiddenhausen-Schweicheln (km 115,7), Herford (km 125,2) und Brake (b. Bielefeld) (km 132,1) nach Bielefeld Hbf (km 139,1). Durchgehend werden elektrifizierte Hauptbahnen befahren, welche mit Ausnahme des eingleisigen Abschnittes Kirchlengern – Herford mindestens über zwei Streckengleise verfügen. Das aktuelle Fahrplanschema:

werktags	5 bis 23 Uhr	60-Minuten-Takt
sonn- und feiertags	7 bis 23 Uhr	60-Minuten-Takt

RB 65 »Ems-Bahn«

Die Züge der »Ems-Bahn« beginnen in Münster Hbf (Kilometer 0) und fahren über Münster Zentrum Nord (km 2,8), Münster-Sprakel (km 9,3), Greven (km 14,9), Reckenfeld (km 20,3), Emsdetten (km 25,6) und Rheine-Mesum (km 31,7) nach Rheine (km 38,6). Bei der befahrenen Strecke handelt es sich um eine elektrifizierte, zweigleisige Hauptbahn. Gefahren wird nach folgendem Schema:

werktags außer samstags	5 bis 0 Uhr	60-Minuten-Takt
samstags	6 bis 1 Uhr	60-Minuten-Takt
sonn- und feiertags	7 bis 1 Uhr	60-Minuten-Takt

RB 66 »Teuto-Bahn«

Münsters Hauptbahnhof (Kilometer 0) ist ebenfalls Ausgangspunkt für die Züge der »Teuto-Bahn«, welche über Westbevern (km 11,3), Ostbevern (km 17,5), Kattenvenne (km 23,5), Lengerich (Westf) (km 31,2), Natrup-Hagen (km 36,6) und Hasbergen (Kr Osnabrück) (km 41,5) nach Osnabrück Hbf (km 49,9) fahren. Bei dieser Strecke handelt es sich ebenfalls um eine zweigleisige, elektrifizierte Hauptbahn. Auch auf dieser Linie wird – abgesehen von den

Auch die das niedersächsische Bad Bentheim mit dem ostwestfälischen Bielefeld verbindende Wiehengebirgsbahn wird von der WestfalenBahn betrieben. Am 6. August 2008 hat ET 013 soeben als WFB 39617 den Zielbahnhof Bielefeld erreicht. Foto: Dr. Matthias Schmidt

Von den von der WestfalenBahn bedienten Linien hat die Teuto-Bahn das höchste Fahrgastaufkommen. Am 28. Juni 2009 werden in Osnabrück Hbf die WestfalenBahn ET 005 und 019 als WFB 39713 zur Fahrt von Osnabrück nach Münster bereitgestellt.   Foto: Dr. Matthias Schmidt

Am 9. Dezember 2009 erreicht WestfalenBahn ET 019 als WFB 39703 aus Osnabrück kommend den Zielbahnhof Münster Hbf.   Foto: Dr. Matthias Schmidt

Triebfahrzeugbestand WestfalenBahn GmbH

Betriebsnummer	Achsfolge	Hersteller Baujahr/Fabriknummer	Leistung	Bemerkungen
ET 001	Bo'2'2'Bo'	Stadler 2007/37546	4x500 kW	angemietet von Alpha Trains
ET 002	Bo'2'2'Bo'	Stadler 2007/37549	4x500 kW	angemietet von Alpha Trains
ET 003	Bo'2'2'Bo'	Stadler 2007/37553	4x500 kW	angemietet von Alpha Trains
ET 004	Bo'2'2'Bo'	Stadler 2007/37557	4x500 kW	angemietet von Alpha Trains
ET 005	Bo'2'2'Bo'	Stadler 2007/37561	4x500 kW	angemietet von Alpha Trains
ET 006	Bo'2'2'Bo'	Stadler 2007/37565	4x500 kW	angemietet von Alpha Trains
ET 007	Bo'2'2'Bo'	Stadler 2007/37569	4x500 kW	angemietet von Alpha Trains
ET 008	Bo'2'2'Bo'	Stadler 2007/37573	4x500 kW	angemietet von Alpha Trains
ET 009	Bo'2'2'Bo'	Stadler 2007/37577	4x500 kW	angemietet von Alpha Trains
ET 010	Bo'2'2'Bo'	Stadler 2007/37581	4x500 kW	angemietet von Alpha Trains
ET 011	Bo'2'2'Bo'	Stadler 2007/37585	4x500 kW	angemietet von Alpha Trains
ET 012	Bo'2'2'Bo'	Stadler 2007/37589	4x500 kW	angemietet von Alpha Trains
ET 013	Bo'2'2'Bo'	Stadler 2007/37593	4x500 kW	angemietet von Alpha Trains
ET 014	Bo'2'2'Bo'	Stadler 2007/37597	4x500 kW	angemietet von Alpha Trains
ET 015	Bo'2'2'2'2'Bo'	Stadler 2007/37603	4x500 kW	angemietet von Alpha Trains
ET 016	Bo'2'2'2'2'Bo'	Stadler 2007/37609	4x500 kW	angemietet von Alpha Trains
ET 017	Bo'2'2'2'2'Bo'	Stadler 2007/37615	4x500 kW	angemietet von Alpha Trains
ET 018	Bo'2'2'2'2'Bo'	Stadler 2007/37621	4x500 kW	angemietet von Alpha Trains
ET 019	Bo'2'2'2'2'Bo'	Stadler 2007/37627	4x500 kW	angemietet von Alpha Trains

Hauptverkehrszeiten, in welchen werktags außer samstags alle 30 Minuten ein Zug verkehrt – mindestens im Stundentakt gefahren:

werktags außer samstags	5 bis 23 Uhr	60-Minuten-Takt
samstags	6 bis 0 Uhr	60-Minuten-Takt
sonn- und feiertags	7 bis 0 Uhr	60-Minuten-Takt

RB 72 »Ostwestfalen-Bahn«

Die Züge der »Ostwestfalen-Bahn« beginnen ihre Fahrt in Herford (Kilometer 0) und fahren über Bad Salzuflen (km 7,7), Schötmar (km 9,5), Sylbach (km 14,3), Lage (Lippe) (km 19,2), Detmold (km 27,7), Horn-Bad Meinberg (km 36,8), Leopoldstal (km 41,4), Sandebeck (km 44,7) und Altenbeken (km 50,6) nach Paderborn Hbf (km 68). Die Strecke ist zwischen Herford und Himmighausen (km 47,3, kein Reisezughalt) eingleisig, im weiteren Verlauf zweigleisig ausgebaut – und durchgängig elektrifiziert. Im eingleisigen Streckenabschnitt wird planmäßig in Detmold gekreuzt. Das Fahrplanschema:

werktags außer samstags	5 bis 22 Uhr	60-Minuten-Takt
samstags	6 bis 22 Uhr	60-Minuten-Takt
sonn- und feiertags	7 bis 22 Uhr	60-Minuten-Takt

Fahrzeugflotte und Betriebswerk

Am 23. Juni 2005 hat Stadler Pankow mit Angel Trains Europe (heute: Alpha Trains) einen Vertrag mit einem Gesamtvolumen in Höhe von 80 Millionen Euro über die Lieferung von 14 drei- (ET 001 bis 014) und fünf fünfteiligen Elektrotriebwagen (ET 015 bis 019) des Typs FLIRT geschlossen. Der FLIRT verfügt über großzügige Mehrzweckbereiche mit einer hohen Kapazität für Fahrräder, Rollstühle und Kinderwagen. Entsprechend weist der dreiteilige Zug insgesamt 181 Sitz- und 169 Stehplätze auf. Der fünfteilige Triebwagen verfügt über insgesamt 300 Sitz- und 289 Stehplätze. Das erste Fahrzeug erreichte die Westfalen-Bahn am 26. Mai 2007: An diesem Tag traf ein erster Zug in Minden bei den Mindener Kreisbahnen GmbH ein, wo er zur Einweisung und Ausbildung der fast 60 Triebfahrzeugführer der neuen Bahngesellschaft benötigt wurde. Am 3. September 2007 wurden die neuen Züge im Rahmen einer Presse- und Informationsfahrt vorgestellt und standen allesamt rechtzeitig zum Betriebsstart am 9. Dezember 2007 für den Einsatz zur Verfügung.

Für die Wartung und Instandhaltung ihrer 19 Triebwagen wollte die WestfalenBahn ursprünglich im Rangierbahnhof Rheine für rund 5 Millionen Euro einen Werkstattneubau realisieren. Diese Planungen wurden allerdings nicht umgesetzt. Stattdessen erfolgte am 20. März 2007 – ebenfalls in Rheine – auf dem Gelände der Windhoff Bahn- und Anlagentechnik GmbH der Spatenstich für ein von diesem Unternehmen errichtetes Betriebswerk, welches für zunächst zehn Jahre an die WestfalenBahn vermietet wurde. Die Anlagen konnten am 30. November 2007 – rechtzeitig zum Betriebsstart – an die WestfalenBahn als neue Mieterin übergeben werden. Die Halle ist etwa 110 x 20 Meter groß und verfügt über ein aufgeständertes Gleis mit Seitenarbeitsgruben, welches eine einfache Instandhaltung der Fahrzeuge und die regelmäßige Bremsrevision an der Unterseite des Wagenkastens ermöglicht. Das zweite Hallengleis besitzt insgesamt zwölf Hebeböcke, mit denen die bis zu 90 Meter langen Fahrzeuge komplett hochgefahren werden können. Dies ist notwendig, damit die Drehgestelle getauscht werden können. Für Wartungsarbeiten auf dem Fahrzeugdach wurde ein beweglicher Dacharbeitsstand angeschafft. So können wichtige Fahrzeugteile wie Trafo, Klimaanlagen und Luftkompressor erreicht werden. Damit schwere Elemente wie

Trafos und Drehgestelle bewegt werden können, verfügt die Werkstatt über einen 16 Tonnen-Hallenkran. Aus Sicherheitsgründen wurde der 15 kV-Fahrdraht nicht bis auf das Gelände der Werkstatt gelegt. Damit die Fahrzeuge trotzdem in die Halle kommen, werden die Züge auf den letzten Metern von einem Zwei-Wege-Fahrzeug geschleppt. Schließlich sorgt noch eine Außenwaschanlage für den äußeren Glanz der Fahrzeuge. Für die Abstellung von Triebwagen wurden zusätzlich Gleise im Rheiner Bahnhof angemietet.

Das Betriebswerk der WestfalenBahn befindet sich in Rheine, wo für Fahrzeugabstellungen im Bahnhof zusätzliche Gleise angemietet worden sind. Hier fotografierte am 22. Dezember 2007 Dr. Matthias Schmidt ET 012, 018 und 004 (von links nach rechts).

Drei private »Grenzfälle«

Um ein möglichst vollständiges Bild von den bisherigen Wettbewerbern der Deutschen Bahn in Niedersachsen zu zeichnen, sollen im folgenden abschließend drei private »Grenzfälle« kompakt dargestellt werden: Die Veolia Verkehr Sachsen-Anhalt GmbH sowie die Arriva Personenvervoer Nederland B.V., die mit nur einer Nahverkehrslinie als »Grenzgänger« niedersächsisches Gebiet »berühren« sowie als organisatorischer »Grenzfall« die Nordseebahn als erfolgreiche Kooperation zwischen den Eisenbahnen und Verkehrsbetrieben Elbe-Weser GmbH und der Deutschen Bahn, die ebenfalls ein Ergebnis der Regionalisierung ist.

Kooperationsmodell »Nordseebahn«

Am 15. Dezember 2003 ging mit der Nordseebahn zwischen Bremerhaven Hauptbahnhof und Cuxhaven (44,1 Kilometer) ein bisher in Niedersachsen einmaliges Kooperationsprojekt an den Start: Von der Landesnahverkehrsgesellschaft Niedersachsen dort mit dem Schienenpersonennahverkehr beauftragt, vergab die DB Regio freihändig die Erbringung der Zugleistungen zwischen Bremerhaven und Cuxhaven an die Eisenbahnen und Verkehrsbetriebe Elbe-Weser GmbH (EVB). Hintergrund dieser Lösung: Da die Deutsche Bahn dort nicht mehr über Fahrzeuginstandhaltungskapazitäten verfügt, war es für sie wirtschaftlicher, die EVB zu beauftragen, wobei Marketing und Vertrieb unverändert bei DB Regio blieben.

Die Eisenbahnen und Verkehrsbetriebe Elbe-Weser GmbH gingen zum 30. September 1981 aus der Fusion der Bremervörde-Osterholzer Eisenbahn GmbH und der Wilstedt-Zeven-Tostedter Eisenbahn GmbH hervor. Zum 2. Juli 1993 ging dann auch noch die Buxtehude-Harsefelder Eisenbahn in den EVB auf, die heute unverändert ein öffentliches Unternehmen sind. Gesellschafter sind neben dem Land Niedersachsen (58 Prozent) der Landkreis Rotenburg (Wümme) (14,171 Prozent), der Landkreis Stade (10,681 Prozent), der Landkreis Osterholz (6,156 Prozent), der Landkreis Cuxhaven (5 Prozent), der Landkreis Harburg (3,568 Prozent), die Samtgemeinde Zeven (0,777 Prozent), die Gemeinde Worpswede (0,647 Prozent), die Stadt Bremervörde (0,5 Prozent) sowie die Stadt Rotenburg (Wümme).

Zum Zeitpunkt der Beauftragung durch die Deutsche Bahn wickelten die EVB bereits in der Region Schienenpersonennahverkehr ab (Bremerhaven Hbf – Bremervörde – Hamburg-Neugraben, mit Verlängerung der Hamburger S-Bahn bis Stade im Dezember 2007 enden die Züge bereits in Buxtehude) und verfügten in Bremervörde über entsprechende Fahrzeuginstandhaltungskapazitäten. Die Landesnahverkehrs-

gesellschaft Niedersachsen stellte den EVB mit den Dieseltriebwagen VT 101 bis 109 (Alstom 2003 / 0001000884001 bis 0001000884009) neun Fahrzeuge vom Typ LINT 41 zur Verfügung, welche allesamt in der Bremervörder Werkstatt unterhalten werden. Von ihnen werden vier Einheiten zwischen Bremerhaven und Hamburg-Neugraben (seit 9. Dezember 2007 nur noch bis Buxtehude) eingesetzt, für den Einsatz auf der Nordseebahn stehen insgesamt fünf Triebzüge (darunter ein Reservefahrzeug) zur Verfügung. Werktags außer samstags besteht zwischen Bremerhaven und Cuxhaven ein Stundentakt, am Wochenende wird im Zwei-Stunden-Takt gefahren.

Die Nordseebahn wurde jetzt zusammen mit der Bahnverbindung Bremerhaven – Bremervörde – Buxtehude als Weser-Elbe-Netz neu ausgeschrieben. Nach einer Ende 2010 vorgesehenen Vergabe sollen auf diesem Netz ab Dezember 2011 jährlich 1,32 Millionen Zugkilometer erbracht werden, wofür aus dem landeseigenen Fahrzeugpool LINT-Triebwagen zur Verfügung gestellt werden.

Der HarzElbeExpress

Seit dem 11. Dezember 2005 sind auch die Dieseltriebwagen der Veolia Verkehr Sachsen-Anhalt GmbH (bis 2006 Connex Sachsen-Anhalt GmbH), einer 100-Prozent-Tochter der Veolia Verkehr GmbH, im niedersächsischen »Grenzgebiet« unterwegs: die Züge der von dem Unternehmen betriebenen HarzElbeExpress-Linie (HEX) 65 verkehren zwischen dem niedersächsischen Vienenburg und Halberstadt (Sachsen-Anhalt) und werden größtenteils als HEX 70 über Halberstadt hinaus bis nach Halle (Saale) Hbf durchgebunden. Ein morgendliches Zugpaar verkehrt werktags über Vienenburg hinaus bis nach Goslar. Zwischen Vienenburg und Halberstadt wird täglich ein Zwei-Stunden-Takt gefahren.

Die in Niedersachsen endende Nahverkehrslinie 65 gehört zum »Nordharz-Netz«, zu welchem auch die Verbindungen HEX 5 Thale – Halberstadt – Magdeburg, 47 Bernburg – Könnern – Halle (Saale), 60 Halberstadt – Oschersleben – Magdeburg, 67 Blankenburg (Harz) – Halberstadt – Magdeburg sowie HEX 70 Halberstadt – Aschersleben – Halle (Saale) gehören. Auf diesem Netz wird eine jährliche Leistung von durchschnittlich 2,8 Millionen Zugkilometern erbracht, welche zunächst für den Zeitraum von Dezember 2005 bis Dezember 2017 im Rahmen eines Wettbewerbsverfahrens von der Nahverkehrsservice Sachsen-Anhalt GmbH an das heute als Veolia Verkehr Sachsen-Anhalt GmbH firmierende Eisenbahnverkehrsunternehmen vergeben wurde. Für den Einsatz auf diesem Netz wurden über CB Rail bei

Seit dem 15. Dezember 2003 ist zwischen Bremerhaven und Cuxhaven die Nordseebahn unterwegs: Im Auftrag von DB Regio betreiben die Eisenbahnen und Verkehrsbetriebe Elbe-Weser (EVB) hier modernen Nahverkehr. Im Bild wartet VT 107 am 14. August 2004 in Cuxhaven auf Ausfahrt nach Bremerhaven.
Foto: EVB

Am 25. Mai 2004 ist der Bahnhof Cuxhaven Ort der Gegensätze: Während im Hintergrund eine in die Jahre gekommene Garnitur von DB Regio auf den nächsten Einsatz wartet, fahren VT 101 und 107 der EVB als RB 34719 aus dem Bahnhof mit Ziel Bremerhaven aus. Foto: Martin Kursawe

Seit dem 11. Dezember 2005 fährt die Veolia Verkehr Sachsen-Anhalt die Harz Elbe Express-Linie 65 zwischen dem niedersächsischen Vienenburg und Halberstadt (Sachsen-Anhalt), welche größtenteils als HEX 70 bis nach Halle/Saale Hbf durchgebunden wird. Das Foto zeigt VT 804, welcher am 22. März 2006 den Hauptbahnhof von Halle erreicht. Foto: Harald Hübner

Für den Einsatz als Harz Elbe Express stehen Veolia Sachsen-Anhalt zwölf Triebwagen der Bauart LINT 41 und sieben vom Typ LINT 27 zur Verfügung. Am 10. März 2006 wird der LINT 41 VT 808 als RB 83424 nach Aschersleben eingesetzt. Foto: Harald Hübner

Alstom zwölf LINT 41 (Beschreibung des Fahrzeugtyps siehe NordWestBahn, VT 800 bis 811, 2005 / 0001001368001-12) und sieben LINT 27 (VT 870 bis 876, 2005 / 0001001367001-7) beschafft. Vom zweiteiligen LINT 41 unterscheiden sich die einteiligen LINT 27 durch eine geringere Leistung von 315 kW sowie eine niedrigere Sitzplatzanzahl von rund 70. Gewartet werden die Züge bei der Verkehrs Industrie Systeme GmbH (VIS) in Halberstadt.

Niederländisch-deutscher Grenzverkehr

Seit dem 10. Dezember 2006 schließlich erreichen moderne Dieseltriebwagen der niederländischen Arriva Personenvervoer Nederland BV (ein Unternehmen der international tätigen Arriva-Gruppe, welche ihren Sitz im britischen Sunderland hat) niedersächsisches Gebiet: seit diesem Tag fährt Arriva durchgehende Züge zwischen Leer und Groningen. Nach einer europaweiten Ausschreibung hatten die niederländischen Provinzen Friesland und Groningen sowie die Landesnahverkehrsgesellschaft Niedersachsen Arriva den Zuschlag für den Betrieb des Regionalverkehres auf den Dieselstrecken in den nordöstlichen Niederlanden inklusive der Bahnstrecke Groningen – Leer erteilt. Ab dem 11. Dezember 2005 sind nach Angaben der LNVG in diesem Netz rund 4 Millionen Zugkilometer für zunächst 15 Jahre zu fahren, wobei in Niedersachsen pro Jahr 123.000 Zugkilometer zu erbringen sind. Aufgrund der Lieferzeit neuer Fahrzeuge setzte Arriva auf niederländischer Seite zunächst Dieseltriebwagen der Nederlandse Spoorwegen ein, auf deutscher Seite fuhr DB Regio zunächst als Subunternehmer weiter. Bis zum Eintreffen der neuen Züge musste aufgrund unterschiedlicher Signalsysteme in den Niederlanden und Deutschland und der älteren, nur in jeweils einem Staat zugelassenen Triebwagen an der Grenze in Nieuweschans umgestiegen werden. Seit die neuen Arriva-Züge im Einsatz sind, ist ein Umstieg nicht mehr erforderlich und die nunmehr durchgehend zwischen Groningen und Leer im Zwei-Stunden-Takt verkehrenden Züge erreichen ihr Ziel um bis zu 15 Minuten schneller.

Der Bahnhof Leer wird seit dem 10. Dezember 2006 auch von modernen Dieseltriebwagen der Arriva Personenvervoer Nederland bedient. Für den Verkehr in den nordöstlichen Niederlanden hat Arriva bei Stadler 27 dreiteilige Fahrzeuge vom GTW 2/8 ... Foto: Stadler Rail

Für diese Verkehre hat Arriva Nederland am 13. Mai 2005 bei Stadler 16 zweiteilige Gelenktriebwagen vom Typ GTW 2/6 mit einer Kapazität von 111 Plätzen (Betriebsnummern 10 228 bis 243) und 27 dreiteilige Fahrzeuge vom Typ GTW 2/8 mit 170 Sitzplätzen (Betriebsnummern 10 301 bis 327) bestellt. Hiervon sind acht Dieseltriebwagen für den grenzüberschreitenden Einsatz zwischen Deutschland und den Niederlanden ausgerüstet. Die 600 kW (maximale Leistung am Rad) starken und 140 km/h schnellen Fahrzeuge zeichnen sich u. a. durch helle Fahrgastabteile, transparentes, offenes Innendesign, Klimatisierung, behindertenfreundliche, geschlossene WCs und großzügige Einstiegsplattformen aus. Die Kastenstruktur erfüllt die 2007 in Kraft getretene Norm für Energieverzehr bei Kollisionen. Die Triebzüge können in Vielfachsteuerung mit bis zu vier Zuggarnituren gefahren werden. Typisches Merkmal dieser Fahrzeugfamilie ist das in der Mitte der Züge befindliche Power Modul, in welchem die gesamte Antriebsanlage untergebracht ist. Dieses Modul hat einen Durchgang für die Fahrgäste. Für die Wartung sind sämtliche Systeme und Komponenten von außen zugänglich. Dank der Trennung von Antrieb und Endwagen werden keine Antriebsgeräusche oder Vibrationen zu den Fahrgastbereichen übertragen. Der Niederfluranteil beträgt mehr als 65 Prozent. Die Auslieferung der Züge erfolgte in der Zeit von Herbst 2006 bis Herbst 2007, wobei bereits seit dem 10. Dezember 2006 alle Züge zwischen Groningen und Leer von den modernen Triebwagen gefahren werden.

...und 16 zweiteilige Triebwagen vom Typ GTW 2/6 beschafft.

Foto: Stadler Rail

Literaturverzeichnis

Bückle, Alexander und Hertwig, Roland (2009): Privatbahn–Triebfahrzeuge 2009. Eisenbahn-Kurier Spezial 92. Freiburg im Breisgau.

Engelbarth, Fritz u. a. (2006): 10 Jahre Regionalisierung im Schienenpersonennahverkehr. Eisenbahn–Kurier Spezial 81. Freiburg im Breisgau.

Gleitsmann, Götz (2010): Die NordWestBahn im Niers-Rhein-Emscher–Netz. In: Eisenbahn-Kurier 3/2010, S. 46–49.

Gorka, Wolf und Hoopmann, Ralf (2003): Fahrzeugpool in Niedersachsen. Organisation eines öffentlichen Pools am Beispiel der LNVG. In: Der Nahverkehr 6/2003, S. 6–9.

Grohn, Thomas Joachim (1998): Die Leistungsfähigkeit des deutschen Eisenbahnsystems nach der Bahnreform. Juristische und sozialökonomische Grundlagen für regionale und grenzüberschreitende Schienenverkehre. Hamburg.

Hertwig, Roland (2003): Neue Privatbahnen 1998–2003. Eisenbahn-Kurier Spezial 68. Freiburg im Breisgau.

Hertwig, Roland (2010): Eschwege wieder am Netz. Reaktivierung einer Strecke. In: Eisenbahn-Kurier Nr. 450, März 2010, S. 34–37.

Hessische Landesbahn (2007): 50 Jahre Hessische Landesbahn GmbH. Tochterunternehmen, Strecken, Fahrzeuge. Frankfurt am Main und Köln.

Hoopmann, Ralf (2006): LNVG-Fahrzeugpool spart Regionalisierungsmittel. In: Eisenbahn-Kurier 3/2006.

Laeger, Joachim (2004): Wettbewerb und Regionalisierung im Schienenpersonennahverkehr. Ein Handbuch. Krefeld.

Landesnahverkehrsgesellschaft Niedersachsen mbH (2005): Leichter von A nach B. Niedersachsens Gesellschaft für den öffentlichen Personennahverkehr stellt sich vor. Hannover.

O.V. (2005): Eisenbahnatlas Deutschland. Aachen.

Richter, Karl Arne u. a. (2008): Europäische Privatbahnen 08/09. Hamburg.

Richter, Karl Arne und Ringler, Georg (2002): Lexikon Deutscher Privatbahnen. Strecken, Fahrzeuge und Betrieb zwischen Küste und Alpen. München.

Richter, Karl Arne und Ringler, Georg (2005): Privatbahnfahrzeuge. Deutsche Lokomotiven und Triebwagen. München.

Schmidt, Matthias (2007): Privatbahnen und Regionalisierung in Nordrhein-Westfalen. Eine Zwischenbilanz. Gülzow.

Wolff, Gerd (2005): Deutsche Klein- und Privatbahnen. Band 9: Niedersachsen – zwischen Weser und Ems. Freiburg im Breisgau.

Wolff, Gerd (2007): Deutsche Klein- und Privatbahnen. Band 10: Niedersachen 2 – zwischen Weser und Elbe. Freiburg im Breisgau.

sowie verschiedene Ausgaben von Bahn-Report, Lokrundschau, Lok-Report und Eisenbahn-Kurier sowie diverse Unterlagen von Fahrzeugherstellern, Aufgabenträgern und Verkehrsunternehmen.

Im Gegensatz zur cantus Verkehrsgesellschaft setzt Keolis ihre modernen Elektrotriebwagen vom Typ FLIRT bisher nur in Nordrhein-Westfalen ein. Auch die Keolis-Züge bleiben nicht von Graffiti verschont: ET 5.20 am 26. Juni 2006 im Bahnhof Hamm (ERB 39900 Bielefeld – Münster). Foto: Dr. Matthias Schmidt

Abkürzungsverzeichnis

AEG	Allgemeines Eisenbahngesetz
BEVVG	Bundeseisenbahnverkehrsverwaltungsgesetz
BEZNG	Bundeseisenbahnneugliederungsgesetz
B+R	Bike und Ride
	Fahrradabstellplätze am Bahnhof (»mit dem Fahrrad zum Zug«)
DBGrG	Deutsche Bahn-Gründungsgesetz
EBA	Eisenbahnbundesamt
EneuOG	Eisenbahnneuordnungsgesetz
EVB	Eisenbahnen und Verkehrsbetriebe Elbe-Weser GmbH
EVU	Eisenbahnverkehrsunternehmen
FVE	Farge-Vegesacker Eisenbahn GmbH
GAB	Gemeinnützige Gesellschaft für Arbeits- und Berufsförderung
HHA	Hamburger Hochbahn AG
HLB	Hessische Landesbahn GmbH
IGT	Inbetriebnahmegesellschaft Transporttechnik mbH

KBS	Kursbuchstrecke
km	Kilometer
LLC	Lifecycle Costs
	Für die voraussichtliche Lebensdauer bzw. für einen fest vereinbarten Zeitraum wird bereits bei der Fahrzeugbestellung mit dem Fahrzeughersteller ein Wartungs- und Instandhaltungsvertrag geschlossen. Mitarbeiter des Fahrzeugherstellers übernehmen dann vor Ort die entsprechenden Arbeiten an den Fahrzeugen. Bei der Bestellung von Lok oder Triebwagen werden gleich die Wartungs- und Instandhaltungsarbeiten, einschließlich Hauptuntersuchung, vom Besteller mit »eingekauft«.
LNVG	Landesnahverkehrsgesellschaft Niedersachsen mbH
NB	NiedersachsenBahn GmbH GmbH&Co. KG
NBV	NiedersachsenBahn Verwaltungsgesellschaft mbH
NIAG	Niederrheinische Verkehrsbetriebe AG
NNVG	Niedersächsisches Nahverkehrsgesetz
nph	Nahverkehrsverbund Paderborn/Höxter
NVV	Nordhessischer VerkehrsVerbund
NWB	NordWestBahn GmbH
ÖPNV	Öffentlicher Personennahverkehr
PbefG	Personenbeförderungsgesetz
P+R	Park und Ride
	Parkplätze am Bahnhof (»mit dem Auto zum Zug«)
RB	RegionalBahn
RBK	RegioTram Betriebsgesellschaft mbH
RE	RegionalExpress
RegG	Regionalisierungsgesetz
SPNV	Schienenpersonennahverkehr
TWE	Teutoburger Wald-Eisenbahn AG
VLO	Verkehrsgesellschaft Landkreis Osnabrück mbH
VOS	Verkehrsgemeinschaft Osnabrück
VRR	Verkehrsverbund Rhein-Ruhr
VVOWL	Verkehrsverband OstwestfalenLippe
ZGB	Zweckverband Großraum Braunschweig
ZRL	Zweckverband Schienenpersonennahverkehr Ruhr-Lippe
ZVM	Zweckverband Schienenpersonennahverkehr Münsterland

Auch in Niedersachsen fahren viele »Private« neben »regulärem« Nahverkehr saisonale Touristikzüge. Am 16. Mai 2010 hält Simon Obszerninks die Lokomotive V 6 der Mindener Kreisbahnen GmbH vor Zug 4 (Rinteln Nord – Stadthagen West) des Förderkreises der Eisenbahn Rinteln-Stadthagen im Bahnhof Rinteln Nord im Bild fest.

Wir heute die NordWestBahn, so setzt auch die Deutsche Bahn TALENT-Triebwagen im »Grenzverkehr« zwischen Niedersachsen und Nordrhein-Westfalen ein. Am 6. August 2008 hat 644 063 als RB 29772 aus dem niedersächsischen Nienburg kommend den Zielbahnhof Bielefeld Hbf erreicht.

Foto: Dr. Matthias Schmidt

Der ET 013 der WestfalenBahn hat als WFB 39617 am 6. August 2008 fast seine Endstation Bielefeld Hbf erreicht, er war zuvor im niedersächsischen Bad Bentheim gestartet.

Foto: Dr. Matthias Schmidt

EVB-Triebwagen VT 102, ein LINT 41 von Alstom, legt am 31. August 2007 vor der modernen Werkstatt in Bremervörde eine Pause ein. Das Fahrzeug wurde von der LNVG den Eisenbahn und Verkehrsbetrieben Elbe-Weser GmbH zur Verfügung gestellt.   Foto Dietmar Brämert

Sie dienen bei den Eisenbahnen und Verkehrsbetrieben Elbe-Weser (EVB) nur noch als Reservefahrzeuge und werden hin und wieder noch im Touristikverkehr eingesetzt, die ehemaligen Schienenbusse der DB, Baureihe 796/996. Für den Güterverkehr haben die EVB einige Maschinen der ehemaligen DB-Baureihe 211 im Bestand, die dort unter der bisherigen Loknummer laufen. Die Aufnahme von Dietmar Brämert zeigt die Fahrzeuge am 31. August 2007 im Bahnhof Bremervörde, dem Betriebsmittelpunkt der EVB.

LOKRUNDSCHAU Verlag GmbH
Telefon   (0 41 51) 89 69 13
Telefax   (0 41 51) 8 28 89
Geesthachter Straße 28a, 21483 Gülzow

www.Lokrundschau.de
magazin@Lokrundschau.de

ISBN 978-3-931647-19-3
14,80 Euro
28,00 sFr

Dr. Matthias Schmidt

Privatbahnen und Regionalisierung in Nordrhein-Westfalen

Eine Zwischenbilanz

Die 1996 in Kraft getretene Regionalisierung des Schienenpersonennahverkehrs hat, verbunden mit dem im Rahmen der Bahnreform realisierten diskriminierungsfreien Zugang zum Eisenbahnnetz, für alle Eisenbahnverkehrsunternehmen auch in Nordrhein-Westfalen zu Wettbewerb im Nahverkehr auf der Schiene geführt: Im Dezember 2007 waren hier bereits acht Wettbewerber der Deutschen Bahn auf 26 RegionalExpress- und RegionalBahn-Verbindungen tätig. Tendenz weiter steigend.

In der Publikation wird zunächst ein Überblick über Bahnreform und Regionalisierung in Deutschland, insbesondere über deren Umsetzung in Nordrhein-Westfalen, gegeben. Den Schwerpunkt bildet eine detaillierte Darstellung der Bahngesellschaften, die sich neben der Deutschen Bahn seit Inkrafttreten des Regionalisierungsgesetzes in Nordrhein-Westfalen in Vergabeverfahren durchsetzen konnten. Dabei werden die Entwicklung von insgesamt zehn Bahnunternehmen bis August 2007, die von ihnen bedienten Strecken bzw. Netze und das jeweilige Betriebskonzept sowie das eingesetzte Fahrzeugmaterial auch an Hand von ausführlichen Fahrzeuglisten vorgestellt. Die umfangreich bebilderte Publikation schließt mit einem Blick in die Zukunft ab, welcher von der Kürzung der Regionalisierungsmittel des Bundes geprägt ist und die Erfolgsbilanz der Regionalisierung zumindest ein wenig trübt.

Hochformat 21 x 28 cm, 100 Seiten, 17 Farb- und 67 s/w-Fotos, Übersichtskarte, zahlreiche Tabellen, broschiert.

ISBN 978-3-931647-24-7
39,80 Euro
71,00 sFr

Arend Boldt

Bahndienstfahrzeuge

Technik und Aufgaben der Baureihen 701 bis 740

Als Bahndienstfahrzeuge werden antriebslose wie angetriebene Fahrzeuge bezeichnet, die bahninternen Zwecken dienen. Alle Bahndienstfahrzeuge, die jemals eine Fahrzeugnummer zwischen 701 001 und 740 006 trugen, werden ausführlich behandelt. Hierzu zählen Oberleitungsinstandhaltungs-, Tunneluntersuchungs- oder Lichtraumprofilmessfahrzeuge, ebenso wie die Fahrzeuge für den Baudienst, die Notfalltechnik und den Winterdienst. Ebenfalls enthalten sind die Fahrzeuge für die Fahrwegmessung, den Zugfunk und die Zugbeeinflussungsysteme. Neben technischer Beschreibung und Funktionsweise wird auch auf die geschichtliche Entwicklung bei DB, DR und DB AG eingegangen. Viele Fahrzeugskizzen und Fotos aus dem Zeitraum 1926 bis 2009 sowie ein Statistikteil und ein umfangreiches Literaturverzeichnis vervollständigen dieses interessante Werk.

Hochformat 21 x 30 cm, 240 Seiten, 31 Farb- und 144 s/w-Fotos, 56 Zeichnungen und 20 Faksimiles, gebunden.

ISBN 978-3-931647-18-6
34,80 Euro
62,00 sFr

K. Pokschewinski, V. Schüler, M. Coenen

Brikettfabriken und Anschlussbahnen

im rheinischen Braunkohlenbergbau

Die Brikettfabriken der rheinischen Braunkohletagebaue werden in ihrer Entwicklung ausführlich dargestellt. Die einzelnen technischen Einrichtungen der Werke stellt man in Bild und Wort vor. Was wäre eine Brikettfabrik ohne Transportmöglichkeit; denn die Brikett mussten zum Verbraucher gelangen, dies geschah mit vielen interessanten Anschlussbahnen, die den Transport zur »Staatsbahn« besorgten, die hier genau beschrieben werden. Übersichtliche Fahrzeugtabellen geben Auskunft über die »Betriebsmittel« der einzelnen Fabriken, wobei die Fahrzeuge (Dampf-, Diesel- oder Ellok) häufig nicht nur im Foto, sondern auch mit Zeichnung vorgestellt werden. Viele historische Fotos belegen das Betriebsgeschehen sehr eindrucksvoll, wobei natürlich auch die neuere Zeit dokumentiert wird. Karten und vor allem Lagepläne liefern die geografischen Detailkenntnisse. Industriegeschichte gepaart mit Eisenbahngeschichte!

Hochformat 21 x 30 cm, 216 Seiten, 278 Fotos, 36 Karten und Lagepläne, über 25 Fahrzeugtabellen, gebunden.

LOK
RUNDSCHAU

LOKRUNDSCHAU Verlag GmbH
Telefon   (0 41 51) 89 69 13
Telefax   (0 41 51) 8 28 89
Geesthachter Straße 28a, 21483 Gülzow

www.Lokrundschau.de
magazin@Lokrundschau.de

ISBN 978-3-931647-15-5
7,00 Euro
13,50 sFr

Arend Boldt   **Fahrwegmessung**
Fahrzeuge und Technik für Gleisgeometriemessung und Ultraschallschienenprüfung bei der DB Netz AG
In Zusammenarbeit mit DB Netz AG werden in dieser Fachbroschüre nicht nur die aktuellen Meßverfahren mit ihren Fahrzeugen, sondern auch die Geschichte und Technik ausführlich beschrieben. Viele seltene Aufnahmen, Zeichnungen und die Erläuterung der Fachbegriffe und Zusammenhänge machen den besonderen Wert dieses einzigartigen Werkes aus. Nicht nur Eisenbahnhistoriker und Wagenfreunde finden hier Interessantes und Wissenswertes.
Format 21 x 28 cm, 78 Seiten, 43 Schwarzweißfotos, 2 Farbfotos, 30 Zeichnungen, 2 Karten, Farbumschlag, broschiert.

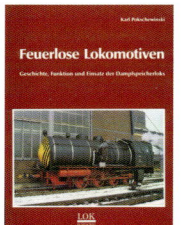

ISBN 978-3-931647-10-0
25,50 Euro
46,00 sFr

Karl Pokschewinski
Feuerlose Lokomotiven
Geschichte, Funktion und Einsatz der Dampfspeicherloks
Dampfspeicherloks sind wahrscheinlich die verkanntesten Triebfahrzeuge überhaupt: Bis heute haben diese Dampfloks überlebt. Die Entwicklung und Funktion wird ausführlich beschrieben, ergänzt durch zahlreiche seltene Fotos und einen umfangreichen Statistikteil.
168 Seiten, Hochformat DIN A4, 210 Fotos, 80 Skizzen/Faksimiles. Gebunden, Farbeinband.

ISBN 978-3-931647-13-1
29,90 Euro
53,00 sFr

Meinhard Döpner
Die Deutsche Eisenbahn-Betriebsgesellschaft AG
Bei Privatbahn- und Kleinbahnfreunden hat die Deutsche Eisenbahn-Betriebs-Gesellschaft (DEBG) immer einen guten Klang, auch wenn sie seit 1970 nicht mehr existiert. Die Geschichte der DEBG wird hier genau geschildert, dazu ausführliche Streckenportraits der Bahnen und ihrer Fahrzeuge. Zahlreiche seltene historische Fotos und viele Gleis-, Strecken- und Fahrzeugzeichnungen machen dieses Buch für jeden Nebenbahnfreund zum Genuss.
Hochformat 21 x 30 cm, 192 Seiten, 204 Fotos, 10 Faksimiles, 83 Zeichnungen, gebunden.

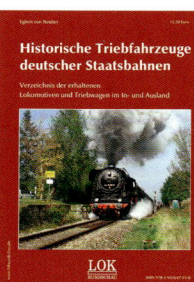

ISBN 978-3-931647-23-0
12,50 Euro
23,50 sFr

Egbert von Steuber
Historische Triebfahrzeuge deutscher Staatsbahnen
Verzeichnis der erhaltenen Lokomotiven und Triebwagen im In- und Ausland
Weit über 2.000 Loks und Triebwagen von DRG, DRB, DB, DR und deutschen Länderbahnen werden an den verschiedensten Orten im In- und Ausland als Museumsfahrzeuge aufbewahrt.
In übersichtlichen Listen werden hier über 2.300 Fahrzeuge mit Betriebsnummer, Herstellerdaten und Standort bzw. Verbleib sowie weiteren ergänzenden Angaben aufgeführt. Ein Ortsverzeichnis macht diese Werk zu einem Nachschlagewerk. Fotos sowohl aktiver als abgestellter Museumsfahrzeuge runden das Gesamtbild ab.
100 Seiten, Hochformat DIN A4, 6 Farb- und 40 s/w-Fotos, Ortsverzeichnis, broschiert.

Stationierungs-
dokumentation
ISBN 978-3-931647-08-7
11,80 Euro
21,00 sFr

Karl Heinz Jansen   **Die Lokomotiven der**
Peter Melcher   **Baureihen 01 bis 10**
und ihr Verbleib
Umfassend werden die Entwicklungen aus den zwanziger und dreißiger Jahren ebenso wie die Umbauten nach 1945 bei DB und DR dargestellt. Neben einer baugeschichtlichen und technischen Einführung werden alle Lokomotiven mit ihrer letzten Bahnverwaltung, dem letzten bekannten Heimat-Bahnbetriebswerk und dem Z-Stellungs- sowie Ausmusterungsdatum aufgelistet.
Über 200 Fotos zeigen die verschiedenen Loks im Zustand der verschiedenen Umbauten und in den unterschiedlichsten Einsatzgebieten, darunter viele bislang unveröffentlichte Aufnahmen.
Hochformat 15 x 21 cm, 192 Seiten, 236 Fotos. Gebunden, fester Farbeinband.

Stationierungs-
dokumentation
ISBN 978-3-931647-16-2
27,80 Euro
49,00 sFr

Karl-Heinz Jansen   **Die Lokomotiven der**
Peter Melcher   **Baureihen 41, 43, 44**
Dietmar Brämert   **und 45** *und ihr Verbleib*
Eine umfassende Dokumentation, von den 2.418 Maschinen tragen nur sieben den Vermerk „Verbleib unbekannt". Planung, Bau, Umbauten sowie Einsätze, die bekannten Verbleibslisten, Erstzuteilung und Lieferlisten für alle Loks sind enthalten. Viele bisher unveröffentlichte Fotos zeigen die Loks in allen Epochen und Einsatzgebieten. Techn. Daten, Verkäufe an Museumsbahnen und Aufstellung als Denkmal sind auch zu finden.
Hochformat 15 x 21 cm, 192 Seiten, 153 Fotos. Gebunden, fester Farbeinband.

Stationierungs-
dokumentation
ISBN 978-3-931647-22-3
29,80 Euro
53,00 sFr

Ulf Heitmann, Peter Melcher, Egbert von Steuber
Die Lokomotiven der BR 50 *und ihr Verbleib*
Verbleib aller Loks der Baureihe 50 mit wenigen Ausnahmen, auch der Unterbauarten, wie 50.40 DB, 50.35 DR, 50.40 DR und 50.50 DR. Letzte Stationierung, Z-Stellung und Ausmusterung, sowie evtl. Umbauten, Umnummerierungen, Verbleib bei fremden Bahnverwaltungen oder auch Hinweise auf Denkmal- oder Museumslokomotiven. Daneben sind enthalten Lieferlisten, Erststationierungen, Entwicklung, Einsätze und viele Fotos, die die Baureihe 50 in vielen Einsatzgebieten und verschiedenen Zeitepochen zeigen. Ein Nachschlagewerk mit Daten für über 3.500 Lokomotiven dieser Baureihe.
Hochformat 15 x 21 cm, 208 Seiten, 127 Fotos, gebunden, fester Farbeinband

ISBN 978-3-931647-17-9
24,80 Euro
45,00 sFr

R. Stumpf   **Havarie und Planwirtschaft**
Dampflokomotiven als Heizprovisorien in Betrieben der DDR
Das immer wieder stark nachgefragte Buch über Heizlokomotiven in den Betrieben der DDR wurde völlig überarbeitet und erweitert neu aufgelegt. Neue Originaldokumente sind ebenso dazugekommen wie viele Fotos und vor allem eine überarbeitete Statistik der Heizlokomotiven.
Einige unserer heutigen Museumsbahnlokomotiven konnten nur erhalten bleiben, weil sie teilweise jahrelang ein Dasein als Heizlok „fristeten". Wer sich für Dampfloks interessiert, sollte sich auch mit diesem Thema auseinandersetzen.
Hochformat DIN A5, gebunden, 184 Seiten, über 120 Fotos.